KB189593

윤회와
해탈

윤회와
해탈

✦

윤회와 해탈에 대한
붓다의 가르침과 역사적 고찰

✦

중각 이중표 지음

불광출판사

머리말

'윤회는 있는가, 없는가?'

이에 대한 논의가 요즘 불교계에서 상당히 뜨겁게 전개되고 있는 것 같다. 그 와중에 윤회는 없다고 주장하는 분들에 의해 필자가 소환되어, 본의 아니게 이 논쟁 속에서 언급되고 있기에 이 글을 쓰게 되었다.

'윤회는 있는가, 없는가?'의 문제는 '신은 있는가, 없는가?' '천국은 있는가, 없는가?'의 문제와 마찬가지로 신앙의 문제이지, 사실의 문제가 아니다. 따라서 이 문제는 믿고 싶으면 믿고, 믿기 싫으면 믿지 않으면 될 일이지 논쟁할 문제가 아니다.

어떤 사람들은 윤회는 증명할 수 있는 사실이라고 주장

한다. 전생을 기억하는 사람들이 있고, 수행하여 숙명통을 얻으면 전생을 알 수 있기 때문에 윤회는 사실이라는 것이다. 그 가운데는 자신이 직접 숙명통을 얻어서 전생을 보았다고 주장하는 사람들도 있다.

만약에 전생을 기억하는 사람이 있으므로 윤회가 있다고 주장한다면, 전생을 기억하지 못하는 사람이 있기 때문에 윤회는 없다고 주장할 수 있다. 그리고 전생을 기억한다고 주장하는 사람보다는 기억하지 못하는 사람이 훨씬 많기 때문에 윤회가 없다는 것이 더 확실한 사실이라고 할 수 있다. 더구나 전생을 기억한다는 사람의 주장이 사실인지는 입증할 방법이 없다. 따라서 윤회의 문제를 신앙의 문제가 아니라 사실의 문제라고 말하는 것은 옳지 않다.

윤회의 문제를 불교와 관련하여 논의하려고 한다면, '윤회는 있는가, 없는가?'라는 물음을 '불교는 윤회를 인정하는가, 인정하지 않는가?'라는 물음으로 전환해야 한다. 불교는 오래된 종교이기 때문에 시대에 따라 사상적 변화를 겪었다. 오늘날 우리가 윤회설을 중요한 불교 사상으로 알고 있는 것도 이러한 역사의 산물이다. 그래서 현재 불교를 믿는 많은 사람들이 윤회설을 불교의 핵심 사상으로 알고 있는 것이 현실이다. 그리고 대부분의 사람들은 우리가 알고 있는 윤회설을 석가모니 붓다가 직접 가르쳤다고 알고 있다. 그런데 사실은 오늘날 우리가 알고 있는 윤회설은 붓다의 열반 후에 오랜 시간을 거쳐서 아비달마불교 시대에 이루어진 것이다. 따라서 윤회설에 대하여 논의하기 위해서는 불교의 윤회설의 역사를 먼저 살펴보아야 한다.

이런 관점에서 이 글에서는 윤회설의 역사를 간단히 살펴보고, 근본경전을 통해 근본불교의 윤회와 해탈에 대하여 살펴보고자 한다.

2025년 3월
중각 이중표 합장

차례

인도의
윤회 사상

1

사람이 죽으면 다시 태어난다는 생각은 인류의 오래된 생각이다. 인류는 사후의 세계가 있다고 생각했기 때문에 시체를 무덤에 안장하고 장례를 치렀다. 사후의 세계가 있다는 생각은 생전의 세계도 있을 것이라는 생각으로 발전한다. 이렇게 전생과 현생 그리고 내생이 있다는 생각이 발전하여 윤회 사상이 된다.

인도에서 가장 오래된 문헌인 『리그베다』에 의하면, 착한 사람은 죽으면 죽은 자의 왕인 야마(Yama)가 있는 안락한 천상 세계에 태어난다고 이야기한다. 반면 악한 사람은 나찰과 같은 악마가 사는 땅속 깊은 암흑계에 들어간다고 한다. 『리그베다』는 그 성립 시기를 기원전 15세기로 추정하기 때문에, 인도에서는 3,500년 전에 이미 사후의 세계를 구체적으로 이야기하고 있음을 알 수 있다.

이러한 생각이 이어져서 브라흐마나 시기(기원전 10세기 무렵)에 "사람은 스스로 자기가 만든 세계에 태어난다."라는 인과응보 사상이 나타난다. 그리고 브라흐마나 문헌에는 재생(再生, punarmṛtyu)에 대한 이야기가 등장한다. 올바른 제사 의식에 대한 지식이 없거나 제사를 게을리하는 자는 사후에 다시 태어나지 않을 수 없으며, 재생을 면하지 못하면 참된 영생을 이루지 못한다고 이야기한다. 이 시기의 재생은 아버지와 아들 사이의 전생(轉生)으로 이해되었다. "남편은 태아가 되어 아내의 몸속에 들어간다. 그는 그 안에서 10개월이 되면 다시 태어난다."라고 하여 아들을 아버지의 재생으로 인식했다. 인간은 이러한 재생을 거듭하면서 행한 제사나 행위의 과보를 태양 속에 축적하여 천계에 태어날 터전을 만든다. 그러나 이러한 진리를 모르는 자는 오직 자식으로서 지상에 재생할 뿐이다.

이러한 재생의 사상이 우파니샤드 시기(기원전 8세기 무렵)에 이르러서 오화이도설(五火二道說)이라는 구체적인 윤회설로 발전한다. 초기의 우파니샤드인 『찬도그야 우파니샤드(Chandogya Upaniṣad)』와 『브리하드아란야까 우파니샤드(Bṛhadāraṇyaka Upaniṣad)』에 의하면 신들이 제사를 지낼 때

천계(天界)를 제화로 삼아 제사를 지냄으로써 달이 생기고, 공계(空界)를 대표하는 비의 신을 제화로 삼아 제사를 지냄으로써 비가 내리며, 지계(地界)를 제화로 삼아 제사를 지냄으로써 음식물이 생기고, 남자를 제화로 삼아 제사를 지냄으로써 정자가 생기고, 여자를 제화로 삼아 제사를 지냄으로써 태아가 생긴다. 이러한 오화설(五火說)에 바탕을 두고 이도설(二道說)이 만들어진다. 이도설은 오화(五火)의 교의(敎義)를 알고 숲속에서 고행하는 자는 사후에 화장할 때 영혼이 불길을 타고 태양으로 가서 달이 차는 반월(1일에서 15일)에 태양이 북행하는 6개월(동지에서 하지) 동안 신계(神界)로 가서 신도(神道)를 따라 브라만 신의 세계에 가며, 이곳에서 죽지 않고 살아간다. 한편 세속에서 제사를 모시고 보시를 행한 자는 화장할 때 불길을 타고 태양으로 가서 달이 기우는 반월(16일에서 30일)에 태양이 남행하는 6개월(하지에서 동지) 동안 조상의 영혼의 세계, 허공을 거쳐서 달로 간 다음에 비가 되어 지상에 내려와서 쌀, 보리 등의 음식물이 되어 남자의 몸 안으로 들어가서 정자가 되고 다시 여자의 태안에 들어가서 재생한다. 이것이 조상의 길, 즉 조도(祖道)이다. 이것이 인도에서 맨 처음 등장하는 윤회설이다.

이렇게 형성된 초기의 윤회설도 시간이 흐름에 따라서 다양한 형태로 변화한다. 윤회설은 브라만교 안에서도 시간의 흐름에 따라 변해간 것이다. 그러나 이러한 윤회설이 성립하는 근본은 인간의 본질인 불멸의 아트만[我]이 존재한다는 믿음이다. 재생을 하든 윤회를 하든, 아니면 영생을 하든, 이 모든 것은 영원히 존재하는 자아, 즉 아트만이 있다는 것을 전제로 한다. 따라서 브라만교의 윤회설은 아트만의 존재에 근거하는 이론이다.

그런데 구체적인 윤회설이 등장하는 우파니샤드 시기에 정통 바라문교의 교리를 부정하는 새로운 사상가들이 등장한다. 슈라마나(śramana, 沙門)라고 불리는 이들은 바라문교와는 전혀 다른 사상을 전개했다. 붓다도 이 가운데 한 사람이다. 이들의 사상은 『디가니까야』의 「사만냐팔라수따(Sāmañña-Phala Sutta, 沙門果經)」에 전해지고 있다. 「사만냐팔라수따(沙門果經)」에는 소위 6사외도(六師外道)로 불리는 뿌라나 까싸빠(Pūraṇa Kassapa), 막칼리 고살라(Makkhali Gosāla), 아지따 께사깜발린(Ajita Kesakambalin), 빠꾸다 깟짜야나(Pakudha Kaccāyana), 산자야 벨랏띠뿟따(Sañjaya Belaṭṭiputta), 니간타 나따뿟따(Niganṭha Nātaputta)의 사상이 거론되는데, 이들 가운데 막칼리 고살라와 니간타 나따뿟따 외에는 내세와 윤회를 부정하는 현실주의자이다.

막칼리 고살라는 숙명론자로서 어리석은 사람이든 현명한 사람이든 숙명에 의해 정해진 만큼 유전(流轉)하며 윤회(輪廻)하고 나서 괴로움을 끝낸다고 주장했다. 인간은 각자에게 고락(苦樂)의 양이 정해져 있기 때문에 윤회에 우열(優劣)이나 증감(增減)은 없다는 것이다.

한편 자이나교의 교조인 니간타 나따뿟따는 매우 체계적인 윤회설을 주장했다. 자이나교의 교리에 의하면, 이 세계는 영혼인 지와(Jīva, 命我)와 영혼이 없는 아지와(Ajīva)로 구성되어 있다. 아지와에는 운동의 조건인 다르마(dharma), 정지의 법칙인 아다르마(adharma), 허공(虛空, ākāśa), 물질(pudgla)이 있다. 인간의 진정한 자아는 지와[命我]이다. 이 지와의 활동에 의해서 까르마(karma, 業)라는 미세한 물질이 지와 속으로 흘러 들어온다. 이것을 유입(流入, āsrava; 漏)이라고 한다. 까르마의 유입에 의해서 지와는 물질로 된 신체를 갖게 되는데, 신체를 가짐으로써 지와는 신체의 속박을 받게 된다. 이것이 결박(bandha)이다. 이 결박 때문에 지와는 지옥, 축생, 인간, 천상을 윤회하게 된다. 이 윤회에서 벗어나 해탈하려면 까르마의 유입을 막고 이미 유입된 까르마를 고행으로 없애야 한다. 그래서 자이나교에서는 고행주의를 취한다. 막칼리 고살라와 니간타 나따뿟따는 서로 다른 윤회설을 주장하지만 윤회의 주체를 '지와'라는 정신적 실체로 생각한다는 점에서는 동일하다.

붓다도 윤회설을 주장했을까? 윤회설은 소멸하지 않고

윤회하는 자아를 전제로 한다. 브라만교에서는 그것을 아트만이라고 주장했고, 막칼리 고살라와 니간타 나따뿟따는 지와[命我]라고 주장했다. 그런데 붓다는 이러한 실체를 인정하지 않았다. 모든 것은 연기하기 때문에 잠시도 지속하지 않고 변해간다. 여기에 시간적으로 지속하는 실체도 없고, 자아도 없다. 이러한 연기와 무아를 가르친 붓다가 과거·현재·미래라는 시간 속에서 전개되는 윤회를 진실이라고 가르쳤을 리가 없다.

어떤 이들은 붓다는 당시의 인도인들이 믿는 윤회설을 방편으로 수용했다고 이야기한다. 이미 살펴본 바와 같이 붓다 당시의 인도에는 다양한 윤회설이 있었다. 그렇다면 붓다는 어떤 윤회설을 수용했다는 것인가? 붓다는 '윤회'로 번역되는 '상사라(saṃsāra)'라는 단어를 사용하지만, 구체적인 윤회설을 이야기하지는 않는다. 붓다도 해탈을 이야기하지만, 붓다가 가르친 해탈은 윤회에서 벗어나는 것이 아니라 탐욕과 분노와 어리석음에서 벗어나는 것이다. 또한 붓다는 업보를 강조했지만 붓다가 가르친 업보는 윤회설이 아니라 무아(無我)와 공(空)을 의미하는 것이었다.

붓다도 윤회에 대하여 이야기한다. 그러나 그것은 윤회설을 주장하기 위해서가 아니라 윤회라는 생각 자체가 연기법을 알지 못하는 무지에서 비롯된 사견(邪見)이라는 것을 가르치기 위해서였다. 『상윳따니까야』 35.188. 「바다 (Samuddo)」는 이 점을 분명하게 보여준다.

세존께서 사왓티의 제따와나 아나타삔디까 사원에 머무실 때, 비구들에게 말씀하셨습니다.

"비구들이여, 배우지 못한 무지한 범부는 '바다'라고 들 말한다오. 비구들이여, 이것은 성자의 율(律)에서는 '바다'가 아니라오. 비구들이여, 범부들이 말하는 '바다'는 단지 많은 물이 모인 큰 구덩이를 의미할 뿐이라오.

비구들이여, 보는 주관[眼]에 의해 분별되는 마음에 들고, 사랑스럽고, 매력 있고, 귀엽고, 즐겁고, 유혹적인 형색[色]들이 있다오. 비구들이여, 성자의 율에서는 이것을 바다라고 부른다오.

지금 천신(天神), 마라, 범천(梵天)을 포함한 이 세간(世間)과 사문과 바라문, 왕과 백성을 포함한 인간은 대부분 바다에 빠져서, 뒤엉킨 실타래처럼 태어나고, 뭉친 실타래처럼 태어나, 갈대나 억새처럼 살면서, 몹쓸 세상, 괴로운 세상, 험한 세상을 떠도는 윤회(輪廻)를 벗어나지 못하고 있다오.

비구들이여, 듣는 주관[耳]에 의해 분별되는 (……) 유혹적인 소리[聲]들, 냄새 맡는 주관[鼻]에 의해 지각되는 (……) 유혹적인 냄새[香]들, 맛보는 주관[舌]에 의해 분별되는 (……) 유혹적인 맛[味]들, 만지는 주관[身]에 의해 분별되는 (……) 유혹적인 촉감[觸]들, 마음[意]에 의해 지각되는 (……) 유혹적인 지각 대상[法]들이 있다오. 비구들이여, 성자의 율에서는 이것을 바다라고 부른다오.

지금 천신, 마라, 범천을 포함한 이 세간과 사문과 바라문, 왕과 백성을 포함한 인간은 대부분 바다에 빠져서, 뒤엉킨 실타래처럼 태어나고, 뭉친 실타래처럼 태어나, 갈대나 억새처럼 살면서, 몹쓸 세상, 괴로운 세상, 험한 세상을 떠도는 윤회를 벗어나지 못하고 있다오."

붓다는 이 경에서 우리가 보고 듣는 지각활동을 통해 지각된 대상을 중생들이 윤회하는 바다라고 말하고 있다. 붓다가 이야기하는 윤회의 세계는 죽어서 이동하는 공간적인 세계가 아니라, 중생들이 지각활동을 통해 일으킨 착각의 세계이다. 붓다는 이 착각의 세계에서 벗어나도록 가르쳤던 것이지, 윤회를 가르친 것이 아니다.

붓다에게 이 세상은 영원한 것인지, 그렇지 않은 것인

지, 그 세상에서 육체와는 다른 죽지 않는 영혼이 윤회하다
가 영생을 얻게 되는지, 그렇지 않은지 등의 문제는 무지
한 자들의 터무니없는 이론일 뿐이었다. 이 점을 잘 보여주
는 경이 『상윳따니까야』 24.9.~18. 「모순되는 견해들(Sassato
loko-Neva hoti na na hoti tathāgato)」이다.

세존께서 사왓티의 제따와나 아나타삔디까 사원에
머무실 때, 비구들에게 말씀하셨습니다.
"비구들이여, 무엇이 있을 때, 무엇을 취하여, 무엇
을 집착하여 '세간은 상주(常住)한다. 세간은 상주하
지 않는다. 세간은 끝이 있다. 세간은 끝이 없다. 육
신(肉身)이 곧 수명(壽命)이다. 수명은 육신과 다른 것
이다. 사후에 여래는 있다. 사후에 여래는 없다. 사후
에 여래는 있으면서 없다. 사후에 여래는 있지도 않
고 없지도 않다.'라는 견해가 생기는 것일까?"
"세존이시여, 세존께서는 법의 근본이시고, 법의 안
내자이시고, 법의 귀의처이십니다. 세존이시여, 부
디 세존께서는 이 말씀의 의미를 밝혀주십시오! 세
존의 말씀을 듣고 비구들은 받아 지닐 것입니다."
"비구들이여, 그렇다면 그대들은 듣고 잘 생각하도
록 하시오! 내가 이야기하겠소."

그 비구들은 "그렇게 하겠습니다. 세존이시여."라고 대답했습니다.

세존께서는 다음과 같이 말씀하셨습니다.

"비구들이여, 몸의 형색[色]이 있을 때, 몸의 형색을 취하여, 몸의 형색을 집착하여 그와 같은 견해가 생긴다오. 느끼는 마음[受], 생각하는 마음[想], 유위를 조작하는 행위[行]들, 분별하는 마음[識]도 이와 같다오. 비구들이여, 어떻게 생각하는가? 몸의 형색이나 느끼는 마음, 생각하는 마음, 유위를 조작하는 행위들, 분별하는 마음은 지속하는가, 지속하지 않는가?"

"지속하지 않습니다. 세존이시여!"

"지속하지 않는 것은 괴로움인가, 즐거움인가?"

"괴로움입니다. 세존이시여!"

"지속하지 않고, 괴롭고, 변하는 법, 그것을 취하지 않으면, 그와 같은 견해가 생기겠는가?"

"생기지 않겠습니다. 세존이시여!"

"보이고, 들리고, 지각되고, 분별되고, 획득되고, 탐색되고, 마음[意]에 의해 숙고된 것은 지속하는가, 지속하지 않는가?"

"지속하지 않습니다. 세존이시여!"

"지속하지 않는 것은 괴로움인가, 즐거움인가?"

"괴로움입니다. 세존이시여!"

"지속하지 않고, 괴롭고, 변하는 법, 그것을 취하지 않으면, 그와 같은 견해가 생기겠는가?"

"생기지 않겠습니다. 세존이시여!"

"비구들이여, 거룩한 제자에게 이들 여섯 가지 문제에 대한 의혹이 제거되면, 그리고 그에게 괴로움[苦]에 대한 의혹이 제거되고, 괴로움의 쌓임[苦集]에 대한 의혹이 제거되고, 괴로움의 소멸[苦滅]에 대한 의혹이 제거되고, 괴로움의 소멸에 이르는 길[苦滅道]에 대한 의혹이 제거되면, 비구들이여, 그로 인해서 이런 거룩한 제자를 물러서지 않고 바른 깨달음이라는 목표에 도달하도록 결정된 수다원(須陀洹)이라고 부른다오."

윤회가 있는가, 없는가? 육신과 다른 영혼이 존재하는가, 존재하지 않는가? 이런 질문은 5온을 취하여 존재로 집착하기 때문에 생기는 망상이다. 이 망상을 붓다는 윤회라고 부르고 이 망상에서 벗어날 것을 가르쳤다.

『앙굿따라니까야』 4.1. 「자각(自覺, Anubuddha)」에서 붓다는 이렇게 가르친다.

세존께서 왓지(Vajji)의 반다가마(Bhaṇḍagāma)에 머무실 때, 세존께서 비구들에게 말씀하셨습니다.

"비구들이여, 네 가지 법(法)에 대한 몰지각(沒知覺)과 몰이해(沒理解)가 이렇게 오랜 세월을 나와 그대들을 윤회하게 했다오.

그 넷은 어떤 것인가?

비구들이여, 거룩한 계행(戒行)에 대한 몰지각과 몰이해가 이렇게 오랜 세월을 나와 그대들을 윤회하게 했다오. 비구들이여, 거룩한 삼매(三昧)에 대한 몰지각과 몰이해가 이렇게 오랜 세월을 나와 그대들을 윤회하게 했다오. 비구들이여, 거룩한 통찰지[般若]에 대한 몰지각과 몰이해가 이렇게 오랜 세월을 나와 그대들을 윤회하게 했다오. 비구들이여, 거룩한 해탈(解脫)에 대한 몰지각과 몰이해가 이렇게 오랜 세월을 나와 그대들을 윤회하게 했다오.

비구들이여, (여래는) 거룩한 계행을 자각(自覺)하고 통달(通達)했으며, 거룩한 삼매를 자각하고 통달했으며, 거룩한 통찰지[般若]를 자각하고 통달했으며, 거룩한 해탈을 자각하고 통달했기 때문에, 존재에 대한 갈애[有愛]가 끊어지고, 존재로 유도(誘導)하는 것이 소멸하여, 다음 존재[後有, punabhava]가 없다오."

이와 같이 붓다는 우리에게 바른 삶을 통해서 윤회한다는 헛된 망상에서 벗어나 살아갈 것을 가르쳤을 뿐 윤회가 있다고 가르치지는 않았다. 붓다는 윤회가 있다는 주장이나 윤회가 없다는 주장이 모두 사견이기 때문에, 이 모순된 주장을 벗어나 중도(中道)에서 연기법을 통찰하도록 가르쳤다.

　윤회가 있다는 주장은 윤회하는 자아가 있다는 주장이고, 윤회가 없다는 주장은 윤회하는 자아가 없다는 주장이다. 따라서 이 문제는 '자아는 상주불멸(常住不滅)하는 것인가, 단멸(斷滅)하는 것인가?' 하는 문제와 연결된다. 상주불멸하는 자아가 있다는 상견(常見)에서 주장하는 자아는 영혼과 같은 정신적 존재이고, 단견(斷見)에서 주장하는 단멸하는 자아는 물질의 집합체인 육신(肉身)이다. 따라서, 상견에서는 육신과는 다른 영적 존재가 있다고 보고, 단견에서는 정신이란 물질이 결합한 상태에서 나타난 현상일 뿐 육신과 별개의 영혼은 없다고 본다. 『잡아함경』(297)에서 일이중도(一異中道)는 이와 같은 맥락으로 이야기된다.

　영혼[命]이란 곧 육신[身]이라고도 주장하고, 영혼과 육신은 서로 다르다고도 주장하지만, 이들 주장의 의미는 한 가지인데 갖가지로 다르게 주장될 뿐이다. 만약 영혼이 곧 육신이라고 한다면 거기에는 범행(梵行)이 있을 수 없으며, 영혼과 육신이 다르다 해도 범행은 있을 수 없다. 그러므로 이들 이변(二邊)에 따르지 말고 마음을 바르게 중도로 향할지니, 그것이 현성(賢聖)이 세간에 나와 전도되지 않고 여실하게 정견(正見)하여 알아낸 것으로서 소위 무명을 연하는 행이며 (……)

이 경에서 이야기하듯이 윤회가 있다는 주장이나 윤회가 없다는 주장은 서로 모순된 견해의 대립처럼 보이지만, 범행(梵行), 즉 생사(生死)에서 벗어나는 수행(修行)을 부정하게 된다는 점에서는 차이가 없다. 범행의 목적은 생사에서 벗어나 해탈을 성취하는 데 있다. 그런데 영혼과 육신이 동일한 것이라고 한다면 윤회는 없고, 육신의 죽음과 함께 영혼도 사라지기 때문에 생사에서의 해탈이란 근본적으로 불가능하다. 따라서 수행을 할 필요가 없다.

한편 육신은 죽어도 영혼은 죽지 않는다면, 영혼은 죽지 않기 때문에 죽음에서 벗어나기 위한 수행은 무의미하다. 윤회가 있다는 주장이나 윤회가 없다는 주장은 인간을 어떤 존재로 설명하려고 하는 사고방식에서 비롯된 것이다. 그러나 이와 같은 견해는 인간의 가치 실현을 위한 수행을 부정한다는 점에서 중도를 취해야 한다는 것이 이 경의 가르침이다. 윤회가 있다는 주장이나 윤회가 없다는 주장은 연기와 무아의 진리에 대한 무지에서 비롯된 사견으로서 논의할 가치가 없으므로 중도에서 연기법을 정견으로 삼아 사견을 벗어나야 한다는 것이 붓다의 가르침이다.

아비달마불교의
윤회설

2

붓다는 윤회설을 이야기하지 않았는데 어떻게 해서 윤회설
이 불교의 핵심 사상이 되었을까? 그것은 붓다가 깨달은 12
연기를 삼세양중인과설(三世兩重因果說)로 해석한 아비달마
불교에 기인한다. 삼세양중인과설은 지금까지 12연기에 대
한 가장 완전한 해석으로 인식되고 있다. 12연기로 대변되
는 연기법은 붓다 스스로 자신이 깨달은 진리라고 선언한
것이다. 그런데 이것이 3세(三世)에 걸쳐서 윤회하는 내용이
라면 윤회설을 불교의 핵심이라고 하지 않을 수 없다.

　인도불교에는 여러 부파가 있었고, 각 부파마다 윤회와
윤회의 주체에 대한 견해가 달랐다. 4~5세기에 활동한 세
친(世親)은 여러 부파의 교설을 비판적으로 정리하여 『아비

달마구사론』을 저술했는데, 이후의 윤회설에 대한 이해는 대부분 『아비달마구사론』을 따른다. 따라서 『아비달마구사론』에서 이야기하는 윤회설을 살펴보기로 한다.

불교의 윤회설이 지닌 문제는 무아와 윤회의 충돌이다. 붓다는 무아를 가르쳤는데, 윤회를 이야기한다는 것은 분명히 문제가 있다. 아비달마불교에서도 이 점을 잘 알고 있었다. 만약 윤회를 인정한다면 이것은 자아를 인정하는 유아론(有我論)이 아닌가? 이 문제에 대하여 다음과 같이 이야기한다.

무아(無我)이지만 여러 온들이
번뇌와 업의 작용에 의해
중유(中有)로 상속함으로써
등의 불꽃처럼 모태에 들어간다.

(無我唯諸蘊 煩惱業所爲 由中有相續 入胎如燈焰)

자아는 없지만 중생들이 자아로 집착하는 5온(五蘊)이 번뇌와 업에 의해서 사후(死後)에 중유(中有)라는 상태의 5온으로 상속하여 그 중유가 모태에 들어간다는 것이다. 그것을 입증하는 논증이 불꽃의 비유다. 등의 불꽃이 다른 등으로 옮겨갈 때, 이 등의 불꽃이 저 등으로 옮겨가는 것이 아니라

이 등의 불꽃은 사라지지만 저 등의 불꽃으로 이어져서 저 등에 불꽃이 존재하게 된다는 것이다.

이렇게 5온의 상속을 통해 윤회가 이루어진다는 것을 이야기하기 위해서 등장한 것이 4유설(四有說)이다. 4유설에 의하면 인간의 존재는 생유(生有), 본유(本有), 사유(死有), 중유(中有)라는 네 가지 존재의 형태를 갖게 된다. 생유는 태어나는 5온이고, 본유는 태어나서 죽을 때까지 존재하는 5온이며, 사유는 죽는 5온이다. 그리고 사유와 생유 사이에 중유가 있어서 다음 생으로 삶이 이어진다. 아비달마불교는 이러한 4유설을 통해서 무아이지만 오온의 상속을 통해서 윤회가 이루어진다고 주장한다.

아비달마불교에 의하면, 이렇게 네 가지 유(有)의 상속을 통해서 윤회하는 세계가 욕계(欲界), 색계(色界), 무색계(無色界), 즉 3계(三界)다. 우리는 번뇌와 업에 의해 유(有)의 상속을 통해서 3계를 윤회한다는 것이다. 『아비달마구사론』의 「분별세품(分別世品)」에서는 3계에 대하여 다음과 같이 이야기한다.

지옥과 축생과 아귀
그리고 인간과 6욕천
이들을 욕계의 20방처(方處)라고 한다.

지옥과 주(洲)가 다르기 때문이다.

(地獄傍生鬼 人及六欲天 名欲界二十 由地獄洲異)

이 위에 17방처가 있다.

이것을 색계라 하며 그 속에

3정려(靜慮)에 각각 3방처가 있고

제4정려에는 8방처가 있다.

(此上十七處 名色界於中 三靜慮各三 第四靜慮八)

무색계에는 방처가 없고

생에 따라 네 가지가 있다.

중동분과 명근에 의해

마음 등을 상속하게 한다.

(無色界無處 由生有四種 依同分及命 令心等相續)

욕계에는 윤회하는 중생이 살고 있는 방처(方處)가 20곳이
있다. 욕계에는 지옥, 축생, 아귀, 인간 그리고 여섯 개의 하
늘 세계가 있는데, 지옥에 여덟 가지가 있고, 인간이 사는
땅[洲]에 네 가지가 있기 때문에 중생이 윤회하면서 갈 수
있는 곳은 20곳이다. 그 20방처는 다음과 같다.

- **8대지옥(大地獄)**

  등활지옥(等活地獄), 흑승지옥(黑繩地獄), 중합지옥(衆
  合地獄), 호규지옥(號叫地獄), 대규지옥(大叫地獄), 염열
  지옥(炎熱地獄), 대열지옥(大熱地獄), 무간지옥(無間地獄)

- **4대주(大洲)**

  남섬부주(南贍部洲), 동승신주(東勝身洲), 서우화주(西
  牛貨洲), 북구로주(北俱盧洲)

- **6욕천(欲天)**

  사대왕중천(四大王衆天), 삼십삼천(三十三天), 야마천
  (夜摩天), 도솔천(兜率天), 낙변화천(樂變化天), 타화자
  재천(他化自在天)

- **축생**

- **아귀**

욕계 위에는 색계가 있는데, 여기에는 중생들이 사는 방처
가 17곳이 있다. 색계는 정려(靜慮), 즉 선정(禪定)을 성취하
여 가는 곳이기 때문에 네 개의 선정의 세계가 있는데, 각각
의 선정의 세계에는 다음과 같은 방처가 있다.

- **제1 정려(靜慮)**

  범중천(梵衆天), 범보천(梵輔天), 대범천(大梵天)

- **제 2 정려(靜慮)**

소광천(少光天), 무량광천(無量光天), 극광정천(極光淨天)

- **제 3 정려(靜慮)**

소정천(少淨天), 무량정천(無量淨天), 변정천(遍淨天)

- **제 4 정려(靜慮)**

무운천(無雲天), 복생천(福生天), 광과천(廣果天), 무번천(無煩天), 무열천(無熱天), 선현천(善現天), 선견천(善見天), 색구경천(色究竟天)

무색계에는 색법(色法)이 존재하지 않기 때문에 방처가 없다. 색법, 즉 물질은 공간이 있어야 머물 수 있는데, 무색계는 색법이 없으므로 공간이 필요 없다는 것이다. 다만 생을 받는 차별에 의하여 다음과 같은 네 가지가 있다.

- **공무변처(空無邊處)**
- **식무변처(識無邊處)**
- **무소유처(無所有處)**
- **비유상비무상처(非有想非無想處)**

『아비달마구사론』에서는 이렇게 중생들이 윤회하면서 가게 되는 다양한 세계를 이야기하면서, 어떤 업을 지으면 그 세계에 가게 되는지까지 자세하게 거론한다. 『아비달마구사론』은 중생들이 윤회하는 것을 설명하고, 이 윤회로부터 벗어나는 길을 설명하는 책이라고 할 수 있다. 이를 바꾸어 말하면 아비달마불교는 윤회와 윤회에서 벗어나는 길을 보여주는 것이 불교라고 생각했던 것이다. 12연기를 삼세양중인과로 해석한 것도 이런 생각에서 비롯된 것이다. 중생의 윤회는 번뇌와 업에 의해 나타난 결과다. 따라서 번뇌가 없어지고 업이 소멸하면 윤회는 사라지고 열반을 얻게 된다. 아비달마불교의 복잡한 이론은 이것을 설명하기 위한 것이다.

붓다가 깨달은 것은 우리가 윤회한다는 사실이 아니라, 우리가 느끼는 생로병사의 괴로움은 진실을 알지 못하는 무지에서 비롯된 망상이라는 사실이다. 붓다가 깨달은 12연기는 이것을 잘 보여준다. 붓다가 보리수 아래에서 깨달은 12연기는 다음과 같은 내용이다.

'나라고 할 만한 것이 없다는 사실을 알지 못하기 때문에[無明] 내가 있다고 생각하면서 살아간다[行]. 내가 있다고 생각하면서 살아가기 때문에 나와 세계를 분별하는 마음[識]이 생긴다. 나와 세계를 분별하는 마음에 의지하여 이름과 형색[名色]이 나타난다. 이름과 형색에 의지하여 그것을 보고 듣는 자아[六入

處]가 나타난다. 그 자아에 의지하여 대상을 경험하는 접촉[觸]이 나타난다. 그 접촉에 의지하여 즐겁거나 괴로운 느낌[受]이 나타난다. 즐겁거나 괴로운 느낌에 의지하여 느낌을 갈망하는 갈애[愛]가 나타난다. 그 갈애에 의지하여 무상한 5온(五蘊)을 자아로 취(取)하게 된다. 5온을 자아로 취하기 때문에 내가 있다는 생각[有]이 나타난다. 내가 있다는 생각에 의지하여 내가 태어났다는 생각[生]이 나타난다. 내가 태어났다는 생각에 의지하여 내가 늙어 죽는다는 생각[老死]이 나타난다. 이와 같은 과정이 모여서 온갖 고통을 일으키는 괴로움 덩어리가 나타난다[苦集].'

'나라고 할 만한 것이 없다는 사실을 깨달으면[無明滅] 나 아닌 것이 없다고 생각하며 살아갈 수 있다[行滅]. 나 아닌 것이 없다고 생각하며 살아가면 나와 세계를 분별하는 마음이 사라진다[識滅]. 분별하는 마음이 사라지면 이름과 형색이 사라진다[名色滅]. 이름과 형색이 사라지면 그것을 보고 듣는 자아가 사라진다[六入處滅]. 그 자아가 사라지면 대상을 경험하는 접촉이 사라진다[觸滅]. 그 접촉이 사라지면 즐겁거나 괴로운 느낌이 사라진다[受滅]. 즐겁거나 괴로운 느낌이 사라지면 느낌을 갈망하는 갈애가 사라

진다[愛滅]. 그 갈애가 사라지면 5온을 자아로 취하
지 않게 된다[取滅]. 5온을 자아로 취하지 않으면 내
가 있다는 생각이 사라진다[有滅]. 내가 있다는 생각
이 사라지면 내가 태어났다는 생각이 사라진다[生
滅]. 내가 태어났다는 생각이 사라지면 내가 늙어 죽
는다는 생각이 사라진다[老死滅]. 이와 같은 통찰을
이어가면 온갖 고통을 일으키는 괴로움 덩어리가 소
멸한다[苦滅].'

이러한 붓다의 깨달음을 아비달마불교는 윤회에 대한 것으
로 이해한다. 『아비달마구사론』에서는 12연기를 다음과 같
이 해석한다.

이러한 모든 연기는
12지(支)로서 3제(三際)에 건립한 것이다.
전제와 후제에 각각 2지(支)가 있고
중제(中際)는 원만에 의거하면 8지(支)가 있다.
(如是第緣起 十二支三際 前後際各二 中八據圓滿)

숙세의 미혹의 상태가 무명(無明)이며
숙세의 모든 업을 행(行)이라고 부른다.

식(識)이 바로 생(生)을 맺는 온(蘊)이며
6입처(六入處)가 나타나기 이전이 명색(名色)이다.

(宿惑位無明 宿諸業名行 識正結生蘊 六處前名色)

안 등의 6근(六根)이 생긴 후
셋이 화합하기 전까지가 6처(六處)이고
세 가지 느낌[受]의 원인이 다름에 대하여
확실하게 알지 못하는 상태를 촉(觸)이라고 부른다.

(從生眼等根 三和前六處 於三受因異 未了知名觸)

음애(婬愛)가 생기기 전에 수(受)가 있고
필요한 것을 탐하는 것이 음애이다.
온갖 경계(境界)를 얻기 위하여
이리저리 쫓아 구하는 것을 취(取)라고 부른다.

(在婬愛前受 貪資具婬愛 爲得諸境界 遍馳求名取)

유(有)는 미래세의 존재라는 결과를
끌어내는 업을 짓는 것을 말한다.
미래세의 존재를 맺는 것을 생(生)이라고 부르고
미래세의 수(受)까지가 노사(老死)이다.

(有謂正能造 牽當有果業 結當有名生 至當受老死)

『아비달마구사론』에서는 이 게송을 다시 상세하게 설명하는데, 간략히 요약하면 다음과 같다.

12지(支)의 무명(無明)은 전생의 미혹(迷惑)을 의미하고, 행(行)은 전생의 업(業)을 의미한다. 이 둘이 현생의 원인이 되는 과거의 2인(因)이다.

이 전생의 미혹과 업이 원인이 되어 현생에 태어나는 5온(五蘊)을 맺어주는 것이 태어나는 생(生)을 받는 12연기의 식(識)이다. 이 식이 모태(母胎)에서 성장하여 6입처(六入處)가 나타나기 전까지를 명색(名色)이라고 부르고, 6근이 생겨서 3사(事)가 화합하여 촉(觸)이 일어나기 전까지를 6입처라고 부른다. 3사가 화합하여 촉이 일어나기 전이란 모태에서 6근이 생긴 태아가 아직 태어나지 않고 모태에 머물면서 외부 세계와 접촉하지 않은 상태를 의미한다. 태아가 태어나서 아무것도 모르는 채로 세상을 접하는 것이 12연기의 촉(觸)이다. 세상에 태어나서 사물을 접하면서 느끼는 고락 등의 세 가지 느낌이 수(受)이다. 이 다섯이 과거의 인에 의해서 현재에 받게 되는 과(果)이다.

고락 등의 느낌에 의해서 필요하다고 생각하는 것을 갈망하는 것이 12연기의 애(愛)이고, 갈망하는 것을 쫓아다니면서 구하는 것이 취(取)이며, 그 과정에서 미래세의 존재를 끌어내는 업을 유(有)라고 한다. 이 셋이 현재의 업으로서 미래세의 원인이 된다.

현세의 세 가지 원인에 의해서 미래세에 태어나서 늙고 죽는 일이 벌어지는데, 이것이 생(生)과 노사(老死)이다. 이들이 현세의 원인에 의해서 미래에 받게 되는 두 과(果)이다.

이상과 같이 과거의 2인(因)에 의해서 현재의 5과(果)가 나타나고, 현재의 3인(因)에 의해서 미래의 2과(果)가 나타나는 것을 삼세양중인과(三世兩重因果)라고 부르며, 이것이 붓다가 깨달은 12연기라는 것이 『아비달마구사론』의 주장이다.

본래 『아비달마구사론』에서는 지옥, 축생, 아귀, 인간, 천상의 5취(五趣) 윤회(輪廻)를 이야기하는데, 오늘날 우리가 불교의 윤회설이라고 하는 육도윤회설(六道輪廻說)은 여기에 아수라가 더해진 것이다.

붓다는
윤회한다고
가르치지
않았다

3

『맛지마니까야』 38. 「갈망하는 마음의 소멸 큰 경(Mahātaṇh
āsaṅkhaya-sutta)」에 의하면 붓다의 제자 가운데 사띠(Sāti)라는
비구가 있었다. 그는 윤회를 굳게 믿고 있었다. 그래서 그는
'붓다는 식(識)이 윤회한다고 가르쳤다'라고 말하고 다녔다.
붓다는 사띠 비구를 불러 다음과 같이 꾸짖는다.

　　"어리석은 사람아, 누구에게 내가 그런 가르침을 가
　　르쳤다고 그대는 알고 있는가? 어리석은 사람아, 내
　　가 여러 가지 방법으로 갖가지 비유를 들어서 조건
　　에 의지하여 함께 일어난[연기(緣起)한] 식(識)에 대하
　　여 이야기하면서, '조건[緣]이 없으면 식(識)은 생기

지 않는다'라고 하지 않았던가? 어리석은 사람아, 그런데 그대는 자신이 잘못 파악한 견해로 우리를 중상하고, 자신을 해치고, 많은 죄를 짓는구나. 어리석은 사람아, 그것은 그대에게 오랜 세월 동안 무익한 괴로움이 될 것이다."

붓다가 윤회를 가르쳤다고 하는 것은 불교를 중상하는 큰 죄가 된다는 말씀이다. 이 경에서는 다음과 같이 불교를 잘 이해하면 윤회한다는 생각을 할 수가 없다고 이야기한다.

"비구들이여, 그대들은 이와 같이 알고, 이와 같이 보면서도, 과거로 돌아가서, '우리는 과거세(過去世)에 존재했을까, 존재하지 않았을까? 우리는 과거세에 무엇이었을까? 우리는 과거세에 어떻게 지냈을까? 우리는 과거세에 무엇이었다가 그다음에는 무엇이었을까?'라고 하겠는가? (……) 비구들이여, 그대들은 이와 같이 알고, 이와 같이 보면서도, 미래로 앞질러 가서, '우리는 미래세(未來世)에 존재하게 될까, 존재하지 않게 될까? 우리는 미래세에 무엇이 될까? 우리는 미래세에 어떻게 될까? 우리는 미래세에 무엇이 되었다가, 그다음에는 무엇이 될까?'라고 하겠는가? (……) 비구들이여, 그대들은 이와 같이 알고, 이와 같이 보면서도, '나는 존재하는가, 존재하지 않는가? 나는 무엇인가? 나는 어떻게 지내는가? 이 중생(衆生)은 어디에서 왔다가 어디로 가는 것일까?' 라고 지금 이 시간에 자신에 대하여 지금 의혹이 있는가?"

이와 같이 윤회한다는 생각은 바른 생각이 아니라는 것이 붓다의 가르침이다. 이것은 『맛지마니까야』 2. 「일체의 번뇌[漏] 경(Sabbāsava-sutta)」에서도 확인된다.

"무지한 범부는 다음과 같이 이치에 맞지 않는 생각을 한다오.
'나는 진실로 과거세에 존재했을까, 존재하지 않았을까? 진실로 과거세에는 무엇이었을까? 진실로 과거세에는 어떻게 지냈을까? 나는 진실로 과거세에 무엇이 되어, 무엇으로 존재했을까? 나는 진실로 미래세에 존재하게 될까, 존재하지 않게 될까? 진실로 미래세에는 무엇이 될까? 진실로 미래세에는 어떻게 지내게 될까? 나는 진실로 미래세에 무엇이 되어, 무엇으로 존재하게 될까?'

현실에서는 현세(現世)의 자신을 의심한다오.

'나는 진실로 존재하는가, 존재하지 않는가? 나는 진실로 무엇인가? 나는 진실로 (현세에) 어떻게 지낼까? 이 중생은 어디에서 와서 어디로 가게 될까?'

무지한 범부가 이와 같이 이치에 맞지 않는 생각을 하면, 그에게 여섯 가지 사견(邪見)들 가운데 하나의 견해가 생긴다오. '나의 자아(自我)는 존재한다. 이것은 진실이며 확실하다.'라는 견해가 생기거나, '나의 자아는 존재하지 않는다. 이것은 진실이며 확실하다.'라는 견해가 생기거나, '내가 자아를 가지고 자아를 개념적으로 인식하는 것은 진실이며 확실하다'라는 견해가 생기거나, '내가 자아를 가지고 비아(非我)를 개념적으로 인식하는 것은 진실이며 확실하다'라는 견해가 생기거나, '내가 비아를 가지고 자아를 개념적으로 인식하는 것은 진실이며 확실하다'라는 견해가 생긴다오. 혹은 '말하고, 느끼고, 여기저기에서 선악업(善惡業)의 과보(果報)를 받는 나의 이 자아는 지속적(持續的)이며, 일정(一定)하며, 영속적(永續的)이며, 불변(不變)하는 법(法)이며, 영원히 그대로 머물 것이다'라는 견해가 있을 것이오.

비구들이여, 이것을 사견에 빠짐, 사견을 붙잡음, 사

견의 황무지, 사견의 동요, 사견의 몸부림, 사견의 결
박이라고 한다오. 비구들이여, '사견의 결박에 묶인
무지한 범부는 생(生), 노사(老死), 근심[憂], 슬픔[悲],
고통, 우울(憂鬱), 불안(不安)이 있는 삶에서 벗어나지
못하며, 괴로움에서 벗어나지 못한다'라고 나는 말
한다오."

이 경에서 붓다는 과거세에 존재하던 내가 현세에 이곳에
와서 살다가 미래세에 어딘가에 가서 다시 태어난다고 생
각하는 것을 범부들의 이치에 맞지 않는 생각이라고 말씀
하신다. 중생이 윤회한다는 생각은 이치에 맞지 않는 범부
들의 어리석은 생각이라는 것이다. 이와 같이 어리석은 범
부의 생각을 붓다가 우리에게 진실이라고 가르쳤을 리가
없다. 오히려 붓다는 이러한 어리석은 생각으로부터 '자아'
가 존재한다는 갖가지 사견(邪見)이 생기며, 이러한 사견에
서 벗어나지 못하면 생사와 모든 괴로움에서 벗어나지 못
한다고 가르치고 있다. 붓다는 우리에게 윤회를 가르친 것
이 아니라, '자아'가 있어서 윤회한다고 생각하는 이치에 맞
지 않는 사견을 버리도록 가르친 것이다.
　「일체의 번뇌[漏] 경(Sabbāsava-sutta)」의 말씀은 다음과
같이 이어진다.

"비구들이여, 어떤 것들이 생각해서는 안 되는 법들로서 성인의 제자가 생각하지 않는 법들인가? 비구들이여, 만약에 그것에 대하여 생각하면 아직 생기지 않은 욕루(欲漏)가 생기고 이미 생긴 욕루가 커지거나, 아직 생기지 않은 유루(有漏)가 생기고 이미 생긴 유루가 커지거나, 아직 생기지 않은 무명루(無明漏)가 생기고 이미 생긴 무명루가 커진다면, 이런 것들은 생각해서는 안 되는 법들로서, 성인의 제자가 생각하지 않는 법들이라오.

비구들이여, 어떤 것들이 생각해야 하는 법들로서 성인의 제자가 생각하는 법들인가? 비구들이여, 만약에 그것에 대하여 생각하면 아직 생기지 않은 욕루는 생기지 않고 이미 생긴 욕루는 소멸되거나, 아직 생기지 않은 유루는 생기지 않고 이미 생긴 유루는 소멸되거나, 아직 생기지 않은 무명루는 생기지 않고 이미 생긴 무명루는 소멸된다면, 이런 것들은 생각해야 하는 법들로서 성인의 제자가 생각하는 법들이라오. 성인의 제자가 생각해서는 안 될 법들에 대하여 생각하지 않고 생각해야 할 법들에 대하여 생각하면, 아직 생기지 않은 번뇌[漏]는 생기지 않고 이미 생긴 번뇌는 소멸한다오.

성인의 제자는 '이것은 괴로움[苦]이다'라고 이치에 맞는 생각을 하고, '이것은 괴로움의 쌓임[苦集]이다'라고 이치에 맞는 생각을 하고, '이것은 괴로움의 소멸[苦滅]이다'라고 이치에 맞는 생각을 하고, '이것은 괴로움의 소멸에 이르는 길[苦滅道]이다'라고 이치에 맞는 생각을 한다오. 이와 같이 생각하면 그에게 세 가지 결박, 즉 자기 자신이 있다고 보는 견해[有身見]와 의심(疑心) 그리고 계율이나 의례에 대한 집착[戒禁取]이 소멸한다오."

붓다는 '윤회하는 자아가 있다'라는 생각을 하면 욕루(欲漏), 유루(有漏), 무명루(無明漏)가 소멸하지 않고 계속해서 생긴다고 말씀하신다. 한마디로 '윤회하는 자아가 있다'라는 생각이 모든 번뇌의 뿌리라는 것이다. 불교에서 이야기하는 생사에서의 해탈은 윤회에서의 해탈이 아니라 '윤회하는 자아가 있다'는 사견에서의 해탈을 의미한다. '윤회하는 자아가 있다'는 사견으로부터 생사를 비롯한 모든 괴로움이 나타나기 때문에 사견을 버리면 생사 고뇌(苦惱)가 사라진다. 이것이 불교에서 이야기하는 생사에서의 해탈이다.

그렇다면 어떻게 해야 생각해서는 안 될 '윤회하는 자아가 있다'라는 생각에서 벗어날 수 있을까? 이 경에서는 4

성제(四聖諦)를 그 답으로 제시하고 있다. 일반적으로 4성제를 고(苦)·집(集)·멸(滅)·도(道)로 단순하게 알고 있지만, 4성제는 불교의 모든 진리를 포괄하는 가장 큰 교리체계이다. 이것을 『맛지마니까야』 28. 「코끼리 발자국의 비유 큰 경(Mahāhatthipadopama-sutta)」에서는 "모든 동물의 발자국은 코끼리 발자국 속에 들어가듯이, 모든 선법(善法)은 4성제 속에 들어간다."라고 이야기한다.

4성제는 고(苦)를 핵심으로 하는 교리체계이다. 4성제의 명칭이 이것을 보여준다. 우리가 고성제(苦聖諦), 집성제(集聖諦), 멸성제(滅聖諦), 도성제(道聖諦)라고 알고 있는 4성제의 원래 명칭은 고성제(苦聖諦), 고집성제(苦集聖諦), 고멸성제(苦滅聖諦), 고멸도성제(苦滅道聖諦)이다. 4성제는 고(苦), 즉 괴로움이라는 문제를 중심으로 그 문제를 해결하는 교리체계인 것이다. 따라서 4성제를 바르게 이해하기 위해서는 고성제를 바르게 알아야 한다.

「코끼리 발자국의 비유 큰 경」에서는 고성제를 다음과 같이 설명한다.

"존자들이여, 고성제(苦聖諦)란 어떤 것인가? 태어남[生]이 괴로움[苦]이고, 늙음[老]이 괴로움이고, 죽음[死]이 괴로움이고, 슬픔, 비탄, 고통, 근심, 불안이 괴

로움이고, 원하는 것을 얻지 못하는 것이 괴로움이
라오. 요컨대 5취온(五取蘊)이 괴로움이라오."

이 경의 설명에 의하면, 우리의 모든 괴로움은 5취온(五取
蘊)으로 귀결된다. 바꾸어 말하면 5취온이 곧 고성제라는
것이다. 그렇다면 5취온이란 어떤 것인가? 5취온은 중생들
이 자기 존재로 취하고 있는 것들이다. 우리는 5취온을 자
아로 취하여 '윤회하는 자아가 있다'는 허망한 생각을 일으
키고 있는 것이다. 따라서 5취온에 대하여 그 실상을 잘 관
찰하면 '윤회하는 자아'라는 망상에서 벗어날 수 있다는 것
이 붓다의 가르침이다.

윤회가
없다면,
죽으면
그만인가

4

「3. 붓다는 윤회한다고 가르치지 않았다」는 글을 읽고, '불교는 무아(無我)를 주장하기 때문에 사후(死後)의 세계를 부정한다'라고 생각할 수 있다. 과연 붓다는 이 문제에 대하여 어떻게 가르쳤을까?

우리는 형색을 지닌 몸[色]을 자아(自我)라고 생각하고, 느끼는 마음[受], 생각하는 마음[想], 행동하려는 의지[行], 분별하는 마음[識]을 자아라고 생각한다. 중생들은 형색을 지닌 몸[色] 속에 느끼고[受], 생각하고[想], 의도하고[行] 인식하는 마음[識]이 들어 있다고 생각하며, 이것을 자아라고 부르며 살아가는 것이다. 그러나 이러한 우리의 자아는 보고, 듣고, 냄새 맡고, 맛보고, 접촉하고, 생각하며 살아가는 삶 속에서 형성된 분별하는 마음[識]으로 경험함으로써[觸] 발생한 관념들일 뿐, 실재하는 자아가 아니다. 그런데 우리는 이것들에 대하여 자아라는 관념을 일으키고 있다. 이것이 아상(我想)이다.

붓다는 오온을 자아로 취하고 있는 우리의 생각, 즉 아상이 무명(無明)에서 비롯된 망상(妄想)이라는 것을 깨달아 가르쳤다. 붓다는 5온(五蘊)을 자아로 생각하는 망상[我想]에 사로잡혀서 살아가는 삶은 괴롭다는 사실[고성제(苦聖諦)]과 무명(無明)에 휩싸여 5온을 자아로 취하여 살아가는 중생들의 고통스러운 삶의 과정[고집성제(苦集聖諦)], 그리고 이러한 사실을 자각하면 5온을 자아로 생각하는 망상에 사로잡혀서 살아가는 삶에서 벗어날 수 있다는 사실[고멸성제(苦滅聖諦)]과 5온을 자아로 생각하는 망상[我想]을 버리고 살아가는 길[고멸도성제(苦滅道聖諦)]을 깨달아 가르치신 것이다. 불교에서 소멸해야 할 괴로움은 5온을 자아로 생각하는 망상, 즉 아상이다.

아상을 갖는다는 것, 이것이 불교에서 말하는 생사(生死)이고, 윤회(輪廻)이고 괴로움이다. 그래서 불교 수행은 아상을 버리는 일이다. 아상이 망상이라는 것을 깨달아서 아상을 버리는 것이 열반일 뿐, 중생들이 생사를 벗어나서 들어가야 할 열반의 세계가 따로 있는 것은 아니다.

중생들은 나라는 존재, 즉 자아(自我)가 공간과 시간으로 이루어진 세계 속에 몸을 받아서 태어나 늙고 죽는다고 생각한다. '세계는 공간적으로 유한할까, 무한할까?', '세계는 시간적으로 유한할까, 무한할까?', '우리의 생명은 살아 있는 육신을 의미하는 것일까, 육신 속에 살고 있는 생명이 따로 있는 것일까?', '생사(生死)를 극복한 여래(如來)는 사후(死後)에도 존재할 수 있을까, 그렇지 않을까?' 하는 문제들은 이러한 생각에서 비롯된 것들이다. 태어나서 죽는 존재가 있고, 그 존재가 태어나서 죽어갈 세계가 있다고 생각하기 때문에, '그 세계는 유한한가, 무한한가?', '자아는 죽은 뒤에도 존재하는가, 존재하지 않는가?' 이러한 모순된 문제에 봉착하게 된다.

왜 이런 모순이 생기는 것일까? 모든 논쟁은 모순 가운데 하나를 취할 때 발생한다. 우리는 여기에서 모순된 견해를 취하지 않는 붓다의 위대한 침묵, 즉 무기(無記)를 살펴보아야 한다. 『맛지마니까야』 72. 「악기왓차곳따에게 설하신 경(Aggivacchagotta-sutta)」에서 붓다는 모순된 견해를 취하지 않는 이유를 다음과 같이 말씀하신다.

한때 세존께서는 사왓티의 제따와나 아나타삔디까 승원(僧園)에 머무시었습니다.

그때 편력 수행자 왓차곳따(Vacchagotta)가 세존을 찾아왔습니다. 그는 세존과 정중하게 인사를 하고, 공손한 인사말을 나눈 후에 한쪽에 앉았습니다. 한쪽에 앉은 편력 수행자 왓차곳따가 세존께 말씀드렸습니다.

"고따마 존자여, '세계는 상주(常住)한다. 실로 이것이 진실이고 다른 것은 거짓이다.' 이것이 고따마 존자의 견해입니까?"

"왓차여, 나에게는 그런 견해가 없다오."

"고따마 존자여, 그렇다면 '세계는 상주(常住)하지 않는다. 실로 이것이 진실이고 다른 것은 거짓이다.' 이것이 고따마 존자의 견해입니까?"

"왓차여, 나에게는 그런 견해가 없다오."

(……)

"고따마 존자여, '생명과 육신은 같은 것이다. 실로 이것이 진실이고 다른 것은 거짓이다.' 이것이 고따마 존자의 견해입니까?"

"왓차여, 나에게는 그런 견해가 없다오."

"고따마 존자여, 그렇다면 '생명과 육신은 서로 다른 것이다. 실로 이것이 진실이고 다른 것은 거짓이다.' 이것이 고따마 존자의 견해입니까?"

"왓차여, 나에게는 그런 견해가 없다오."

"고따마 존자여, '여래는 사후(死後)에 존재한다. 실로 이것이 진실이고 다른 것은 거짓이다' 이것이 고따마 존자의 견해입니까?"

"왓차여, 나에게는 그런 견해가 없다오."

"고따마 존자여, 그렇다면 '여래는 사후에 존재하지 않는다. 실로 이것이 진실이고 다른 것은 거짓이다' 이것이 고따마 존자의 견해입니까?"

"왓차여, 나에게는 그런 견해가 없다오."

(……)

"고따마 존자여, 고따마 존자는 나의 질문을 받고, 모든 질문에 '왓차여, 나에게는 그런 사변(思辨)에 의해 도달한 견해가 없다'라고 말했습니다. 고따마 존자는 어떤 위험을 간파하고 있기에 이와 같이 이 모든 견해들을 멀리하십니까?"

"왓차여, '세계는 상주한다'는 견해와 같은 사변에 의해 도달한 견해는 (소통할 수 없는) 밀림 같은 견해이며, (실천할 수 없는) 황야 같은 견해이며, (우리의 삶을 불안하게 하는) 요동치는 견해이며, 분쟁을 일으키는 편견이며, 속박하는 견해로서, 괴로움을 수반하고, 곤혹스러움을 수반하고, 불안을 수반하고, 고뇌를 수

반한다오. 그리고 염리(厭離), 이욕(離欲), 멸진(滅盡), 적정(寂靜), 체험적 지혜[勝智], 정각(正覺), 열반(涅槃)으로 이끌지 않는다오. 사변에 의한 다른 견해들도 마찬가지라오. 왓차여, 나는 이러한 위험을 간파하고 있기 때문에 이와 같이 이 모든 사변에 의해 도달한 견해들을 멀리한다오."

"그렇다면, 고따마 존자에게는 어떤 사변에 의해 도달한 견해가 있습니까?"

"왓차여, 여래에게는 '사변에 의한 견해' 바로 그것이 제거되었다오. 왓차여, 여래가 본 것은 이런 것이라오. '형색[色]은 이러하다', '형색은 이렇게 모인다[集]', '형색은 이렇게 사라진다[滅]', '느끼는 마음[受]은 이러하다', '느끼는 마음은 이렇게 모인다[集]', '느끼는 마음은 이렇게 사라진다[滅]', '생각하는 마음[想]은 이러하다', '생각하는 마음은 이렇게 모인다[集]', '생각하는 마음은 이렇게 사라진다[滅]', '조작하는 행위들은 이러하다', '조작하는 행위들은 이렇게 모인다[集]', '조작하는 행위[行]들은 이렇게 사라진다[滅]', '분별하는 마음[識]은 이러하다', '분별하는 마음은 이렇게 모인다[集]', '분별하는 마음은 이렇게 사라진다[滅]' 그래서 '여래는 모든 환상과 모든 혼란과 나라는 생각, 내 것이라는 생각을 일으키는 잠재(潛在)하는 모든 아만(我慢)을 파괴하고, 소멸하고, 단념하고, 포기하고, 집착을 버리고, 해탈했다'라고 나는 말한다오."

"고따마 존자여, 이와 같이 마음이 해탈한 비구는 어디에 가서 태어납니까?"

"왓차여, '가서 태어난다'는 말은 적합하지 않다오."

"고따마 존자여, 그렇다면 가서 태어나지 않습니까?"

"왓차여, '가서 태어나지 않는다'는 말도 적합하지 않다오."

"고따마 존자여, 그렇다면 가서 태어나기도 하고, 가서 태어나지 않기도 합니까?"

"왓차여, '가서 태어나기도 하고, 가서 태어나지 않기도 한다'는 말도 적합하지 않다오."

"고따마 존자여, 그렇다면 가서 태어나지도 않고, 가서 태어나지 않지도 않습니까?"

"왓차여, '가서 태어나지도 않고, 가서 태어나지 않지도 않는다'는 말도 적합하지 않다오."

"고따마 존자여, 고따마 존자께서는 제가 묻는 모든 질문에 대하여, 그 질문들이 모두 적합하지 않다고 말씀하셨습니다. 저는 이 점에 대하여 알 수가 없고, 이 점에 대하여 당혹스럽습니다. 이전에 고따마 존 자와의 대화를 통해 저에게 있었던 신뢰마저 지금 저에게 사라졌습니다."

"왓차여, 그대가 알 수 없는 것은 당연하고, 당혹스러운 것은 당연하오. 왓차여, 이 진리[法]는 이해하기 어렵고, 깨닫기 어렵고, 평안하고, 훌륭[勝妙]하고, 추론의 영역을 벗어난 미묘(微妙)한 것으로서, 현자만이 알 수 있는 심오한 것이오. 견해가 다르고, 신념이 다르고, 경향이 다르고, 선정법(禪定法)이 다르고, 수행법이 다른 그대가 그것을 이해하기는 어렵다오. 왓차여, 그렇다면, 여기에서 내가 물을 것이니 그대는 적당한 대답을 하도록 하시오. 왓차여, 어떻게 생각하는가? 만약 그대 앞에서 불이 타고 있다면, 그대는 '이 불이 내 앞에서 타고 있다'라고 알 수 있겠는가?"

"고따마 존자여, 만약 내 앞에서 불이 타고 있다면, 저는 '이 불이 내 앞에서 타고 있다'라고 알 수 있습니다."

"왓차여, 그런데 만약에 '그대 앞에서 타고 있는 이 불은 무엇을 의지하여 타고 있는가?'라고 묻는다면, 왓차여, 그대는 어떻게 대답하겠는가?"

"고따마 존자여, 만약 저에게 그렇게 묻는다면, 저는 '내 앞에서 타고 있는 이 불은 풀이나 장작 같은 연료를 의지하여 타고 있다'라고 대답할 것입니다."

"왓차여, 만약 그대 앞에서 그 불이 꺼진다면, 그대는 '이 불이 내 앞에서 꺼졌다'라고 알 수 있겠는가?"

"고따마 존자여, 만약 내 앞에서 그 불이 꺼진다면, 저는 '이 불이 내 앞에서 꺼졌다'라고 알 수 있습니다."

"왓차여, 그런데 만약에 '그대 앞에서 꺼진 그 불은 여기에서 어느 방향으로 갔는가? 동쪽인가, 서쪽인가, 남쪽인가, 북쪽인가?'라고 묻는다면, 왓차여, 그대는 어떻게 대답하겠는가?"

"고따마 존자여, 그 질문은 적합하지 않습니다. 고따마 존자여, 풀이나 장작 같은 연료를 의지하여 탔던 그 불은 다른 연료가 공급되지 않고 연료가 없어서 꺼져버렸다고 생각됩니다."

"왓차여, 이와 같이 여래를 형색[色]이라는 개념으로 규정하여 묘사한다면, 여래에게 그 (개념으로 규정된) 형색은 제거되고, 근절되고, 단절되고, 없어진, 미래에는 발생하지 않는 법(法)이라오. 왓차여, 여래는 형색이라는 개념에서 벗어났기 때문에, 헤아릴 수 없고, 측량할 수 없고, 이해하기 어렵다오. 비유하면, 큰 바다가 '(사라져서 다른 곳에) 가서 태어난다'는 말도 적합하지 않고, '가서 태어나지 않는다'는 말도 적합하지 않고, '가서 태어나기도 하고, 가서 태어나지 않기도 한다'는 말도 적합하지 않고, '가서 태어나지도 않고, 가서 태어나지 않지도 않는다'는 말도 적합하지 않은 것과 같다오. 느끼는 마음[受], 생각하는 마음[想], 조작하는 행위[行]들, 분별하는 마음[識]도 마찬가지라오. 여래를 분별하는 마음[識]이라는 개념으로 규정하여 묘사한다면, 여래에게는 그 (개념으로 규정된) 분별하는 마음은 제거되고, 근절되고, 단절되고, 없어진, 미래에는 다시 발생하지 않는 법(法)이라오. 왓차여, 여래는 분별하는 마음이라는 개념에서 벗어났기 때문에, 헤아릴 수 없고, 측량할 수 없고, 이해하기 어렵다오. 비유하면, 큰 바다가 '(사라져서 다른 곳에) 가서 태어난다'는 말도 적합하지 않고, '가서 태어나지 않는다'는 말도 적합하지 않고, '가서 태어나기도 하고, 가서 태어나지 않기도 한다'는 말도 적합하지 않고, '가서 태어나지도 않고, 가서 태어나지 않지도 않는다'는 말도 적합하지 않은 것과 같다오."

『중아함경(中阿含經)』에 「전유경(箭喩經)」이라는 이름으로 한역(漢譯)된 『맛지마니까야』 63. 「말룽꺄에게 설하신 작은 경(Cūḷa-Māluṅkya-sutta)」에서는 이런 물음들에 대하여 독화살과 같은 사견(邪見)이라고 비판하였는데, 이 경에서는 이 물음들이 왜 부당한 물음인지를 '불의 비유'를 통해 명확하게 밝히고 있다. 없던 불이 생겼을 때, '이 불이 어디에서 왔는가?'라고 묻거나, 타던 불이 꺼졌을 때, '이 불이 어디로 갔을까?'라고 묻는 것이 부당한 물음이듯이, '우리는 태어나기 전에 어디에 있었으며, 죽은 후에는 어디로 가는 것일까?'라고 묻는 것은 어리석은 질문이다.

　연료에 의지하여 타고 있는 불과 같이 우리의 몸은 섭취한 음식에 의지하여 섭씨 36.5도로 타고 있는 불꽃이고, 우리의 마음은 경험이라는 음식과 의지(意志)와 생각이라는 음식과 분별(分別)이라는 음식에 의지하여 타고 있는 불꽃이다. 『맛지마니까야』 9. 「정견경(正見經; Sammādiṭṭhi-sutta)」에서는 우리의 이러한 모습을 다음과 같이 이야기한다.

　　"존자들이여, 이미 존재하는 중생들을 (중생의 상태에) 머물게 하고, 생겨나는 중생들을 (생겨나도록) 돕는 네 가지 음식이 있습니다. 네 가지는 어떤 것인가? 거칠거나 미세한 단식(團食; kabaḷiṃkāra āhāra), 둘째는 촉식(觸食; phassa āhāra), 셋째는 의사식(意思食; manosañcetanā āhāra), 넷째는 식식(識食; viññāṇa āhāra)입니다. 갈망하는 마음[愛]이 쌓이면[愛集] 음식이 쌓이고[食集], 갈망하는 마음이 소멸하면[愛滅] 음식이 소멸[食滅]합니다. 거룩한 8정도(八正道), 즉 정견(正見), 정사유(正思惟), 정어(正語), 정업(正業), 정명(正命), 정정진(正精進), 정념(正念), 정정(正定)이 음식의 소멸에 이르는 길[食滅道]입니다.

존자들이여, 성인의 제자는 이와 같이 음식[食]을 알고, 음식의 쌓임[食集]를 알고, 음식의 소멸[食滅]을 알고, 음식의 소멸에 이르는 길[食滅道]을 알기 때문에, 어떤 경우에도 무의식적인 탐욕[貪睡眠]을 버리고, 무의식적인 분노[瞋睡眠]를 없앤 후에, '내가 있다'라고 하는 무의식적인 아견(我見)과 아만(我慢)을 제거한 다음, 무명(無明)을 버리고 명지(明智)를 드러내어, 지금 여기에서 괴로움을 끝냅니다. 존자들이여, 이런 점에서 '성인의 제자는 정견이 있으며, 견해가 바르기 때문에 가르침[法]에 대하여 흔들리지 않는 확신을 갖고 그 바른 가르침[正法]을 성취한다'라고 하는 것입니다."

우리는 연기(緣起)하고 있을 뿐, 시간과 공간 속에서 과거, 현재, 미래를 관통하는 자아(自我)가 있어서 윤회하는 존재가 아니다. 이와 같은 사실을 알지 못하는 것이 무명(無明)이고, 이러한 생각으로 사는 사람이 중생이다. 본래 태어나서 늙고 죽는 존재는 없다. 이러한 우리의 모습을 무아(無我)라고 말한다. 그런데 중생들은 네 가지 음식을 취하여 자아라는 망상을 만들어 키우며 살아간다. 그래서 중생들은 생사(生死) 윤회(輪廻)한다는 생각에서 벗어나지 못한다. 생사는 중생들이 자아라는 망상을 고집할 때 나타나는 착각이다. 따라서 아상(我想)을 버리면 생사 윤회는 사라질 뿐, 죽어서 윤회할 자아도 없고, 죽으면 그만인 자아도 없다. 우리는 일정한 시간 동안 존재하는 것이 아니라, 지금 여기에 여러 인연에 의해서 살고 있을 뿐이다. 이것이 불교의 연기설이며 무아설이다.

무아와
공은
허무가
아니다

5

무아(無我)를 관념적인 이론으로 이해하고 받아들인 사람은 무아의 가르침에서 혼란을 겪게 된다. 무아라면 지금 살고 있는 '나'는 무엇인가? '나'가 없다면 누가 '나'를 죽여도 '나를 죽였다'고 할 수 없는 일이 아닌가? 내가 다른 사람을 죽여도 '그 사람'이 무아라면 실은 '그 사람'을 죽였다고 할 수 없지 않겠는가? 불교의 무아설(無我說)을 관념적인 이론으로 이해하면 이런 딜레마를 피할 수가 없다. 붓다 당시에 실제로 이런 딜레마에서 벗어나지 못한 비구가 있었다. 『맛지마니까야』 22. 「독사의 비유 경 (Alagaddūpama-sutta)」은 그 비구를 위해 설하신 경이다.

세존의 부름을 받은 아릿타 존자는 세존을 찾아가서 예배하고 한쪽에 앉았습니다. 한쪽에 앉은 아릿타 존자에게 세존께서 말씀하셨습니다.

"아릿타여, 그대는 사악한 견해를 일으켜, '세존께서 말씀하신 장애법(障碍法)을 추구해도 문제될 것이 없다고 가르쳤다'라고 했다는데, 사실인가?"

"사실입니다. 세존이시여! 저는 확실히 세존께서 '세존께서 말씀하신 장애법을 수용(受用)해도 문제될 것이 없다'라고 가르쳤다고 알고 있습니다."

"어리석은 사람아, 누구에게 내가 그런 가르침을 가르쳤다고 그대는 알고 있는가? 어리석은 사람아, 내가 여러 가지 방법으로, 갖가지 비유를 들어서, '장애법을 추구하면 많은 장애(障碍)가 있다'라고 이야기하지 않았던가?"

이제 세존께서 비구들에게 말씀하셨습니다.

(……)

"비구들이여, 어떤 어리석은 사람들은 가르침을 배우지만, 그들은 그 가르침을 배운 후에 지혜로 그 가르침의 의미를 탐구하지 않으며, 지혜로 그 가르침의 의미를 탐구하지 않기 때문에 이해하지 못한다오. 그들이 잘못 파악한 가르침은 그들을 오랜 세월 동안 무익한 괴로움으로 이끌 것이오. 비구들이여, 그 원인은 무엇인가? 그것은 그들이 가르침을 잘못 파악했기 때문이오. 비구들이여, 비유하면, 어떤 사람이 독사가 필요해서 독사를 찾아, 독사를 탐색하고 다니다가 커다란 독사를 발견하고 곧바로 그 똬리 튼 몸통이나 꼬리를 잡는 것과 같다오. 그 뱀은 돌아서서 손이나 팔이나, 다른 손발을 물게 될 것이오. 그리고 그는 그로 인해서 죽음에 이르거나, 죽을 지경의 괴로움에 이르게 될 것이오. 비구들이여, 그 원인은 무엇인가? 그것은 그가 뱀을 잘못 잡았기 때문이오. (……)

비구들이여, 내가 그대들에게 뗏목의 비유, 즉 뗏목은 강을 건너기 위한 것이지, 붙잡기 위한 것이 아니라는 설법을 하겠소.

비구들이여, 비유하면, 길을 가던 어떤 나그네가 이쪽 언덕은 무섭고 위험하고, 저쪽 언덕은 안전하고 위험이 없는 범람하는 큰 강을 만났는데, 이 언덕[此岸]에서 저 언덕[彼岸]으로 갈 수 있도록 강을 건네줄 배가 없었다오. (……) 그 사람은 풀, 나무토막, 나뭇가지, 나뭇잎을 모아 뗏목을 엮은 다음, 그 뗏목에 의지하여, 손과 발을 힘껏 저어서, 안전하게 저 언덕으로 올라갔다오. 그런데 강을 건너 저 언덕에 올라간 사람이 이런 생각을 했다오.

'이 뗏목은 나에게 많은 도움이 되었다. 나는 이 뗏목에 의지하여 안전한 언덕으로 올라왔다. 그러니 나는 이 뗏목을 머리에 이거나 어깨에 지고 갈 길을 가야겠다'

비구들이여, 어떻게 생각하는가? 그 사람이 그 뗏목에 대하여 이렇게 하는 것이 마땅한 일인가?"

"아닙니다. 세존이시여!"

"비구들이여, 나는 이와 같이 뗏목의 비유, 즉 뗏목은 강을 건너기 위한 것이지, 붙잡기 위한 것이 아니라는 설법을 했다오. 비구들이여, 그대들은 뗏목의 비유를 이해하여, 마땅히 가르침들(法: dhammā)도 버려야 하거늘, 하물며 가르침이 아닌 것들(非法: adhammā)은 말해 무엇 하겠는가?

비구들이여, 여섯 가지 견처(見處)가 있다오. 여섯 가지는 어떤 것들인가? 비구들이여, 무지한 범부는 형색[色]을 지닌 몸에 대하여, '이 형색을 지닌 몸은 나의 소유다. 이 형색을 지닌 몸이 나다. 이 형색을 지닌 몸은 나의 자아(自我)다.'라고 여기고, 느끼는 마음[受], 생각하는 마음[想], 조작하는 행위[行], 분별하는 마음[識]에 대하여 '이것은 나의 소유다. 이것이 나다. 이것은 나의 자아다.'라고 여긴다오. 심지어는 마음에 의해서 보이고, 들리고, 지각되고, 인식되고, 파악되고, 소망되고, 성찰된 것에 대하여, '이것은 나의 소유다. 이것이 나다. 이것은 나의 자아다.'라고 여긴다오. 뿐만 아니라, 이 견처에 의지하여, '이것이 자아다. 이것이 세계다. 나는 사후(死後)에 지속하고, 일정하고, 영원하고, 변역하지 않을 것이다. 나는 그대로 언제까지나 머물게 될 것이다'라고 생각하고, 그것에 대하여, '이것은 나의 소유다. 이것이 나다. 이것은 나의 자아다.'라고 여긴다오.

비구들이여, 그렇지만 학식 있는 성인의 제자는 형색[色]과 느끼는 마음[受]과 생각하는 마음[想]과 조작하는 행위[行]들과 분별하는 마음[識]에 대하여 '이것은 나의 소유가 아니다. 이것은 내가 아니다. 이것은 나의 자아가 아니다.'라고 여기고, 마음에 의해서 보이고, 들리고, 지각되고, 인식되고, 파악되고, 소망되고, 성찰된 것에 대해서도, '이것은 나의 소유가 아니다. 이것은 내가 아니다. 이것은 나의 자아가 아니다.'라고 여긴다오.

뿐만 아니라, 이 견처(見處)에 근거하여, '이것이 자아다. 이것이 세계다. 나는 사후에 지속하고, 일정하고, 영원하고, 변역하지 않을 것이다. 나는 그대로 언제까지나 머물게 될 것이다.'라고 생각하지 않고, 그것에 대하여, '이것은 나의 소유가 아니다. 이것은 내가 아니다. 이것은 나의 자아가 아니다.'라고 여긴다오. 그는 이와 같이 여기는 일이 없기 때문에 걱정하지 않는다오."

'독사의 비유'라는 이름의 이 경은 뗏목의 비유[筏喩]로 널리 알려진 경으로서 독사의 비유와 뗏목의 비유가 설해져 있다. 이 두 개의 비유는 공(空)과 무아(無我)를 핵심으로 하는 불교의 특징을 가장 잘 표현한 것이다.

주지하듯이 붓다는 무아를 가르쳤다. 그런데 이 무아의 가르침을 잘못 이해하면 허무주의(虛無主義)가 된다. 죽어서 다음 세상으로 가는 자아(自我)가 없다면, 우리는 아무렇게나 살다 죽으면 되는 것이 아닌가? 이 경의 주인공으로 등장하는 아릿타(Ariṭṭha)라는 비구가 이렇게 불교를 이해한 사람이다. 그래서 그는 붓다의 가르침을 '세존께서 말씀하신 장애법(障碍法)을 추구(追求)해도 문제될 것이 없다'라고 이해한다. '세존께서 말씀하신 장애법'은 감각적 욕망이다. 붓다는 감각적 욕망을 벗어나 살아가는 법을 가르친다고 말씀하셨다. 그런데 아릿타는 붓다의 가르침을 감각적 욕망을 추구해도 문제될 것이 없다고 이해한 것이다.

이 경에 직접적인 언급은 없지만, 아릿타가 감각적 욕망을 추구해도 문제될 것이 없다고 이해한 가르침은 무아와 공의 가르침이다. 독사를 잘못 잡으면 독사에 물리듯이, 무아를 잘못 이해하면 큰 피해를 입게 된다는 것이 이 경의 요지이다. 용수(龍樹)가 『중론(中論)』의 「관사제품(觀四諦品)」에서 "잘못 이해된 공성(空性)은 이해가 부족한 사람을 괴롭힌다. 잘못 잡은 뱀이나 잘못 외운 주문처럼"이라고 이야기한 것도 이 경의 말씀을 인용한 것이다. 이와 같이 무아를 잘못 이해하면 무아의 가르침은 모든 윤리와 도덕을 파괴한다. 무아가 자기 존재의 부정이라면 살인을 해도 죽일 사람이 없고, 누가 나를 죽여도 죽을 내가 없다는 이야기가 되기 때문이다.

우리는 삶과 사람을 분리한다. 존재하고 있는 사람이 먹고 숨쉬고 행동하면서 살고 있다고 생각하는 것이다. 그리고 그 존재가 태어나서 늙고 죽어간다고 생각한다. 우리의 삶 속에 시간을 관통하여 변치 않고 존재하는 존재가 있다고 생각하는 것이다. 이러한 존재를 우리는 '자아(自我)'라고 부른다. 그리고 이러한 생각이 우리로 하여금 전생(前生)과 내생(來生)에 대하여 생각하게 한다. "나는 전생에 어디에 있었을까? 나는 전생에 무엇이었을까? 나는 죽어서 어디로 가게 될까? 나는 다음 생에 무엇이 될까?" 이 모든 의문은 삶 속에 시간을 관통하여 존재하는 '자아'가 있다고 믿기 때문에 생긴 것이다. 붓다께서 말씀하시는 생사(生死)와 윤회(輪廻)는 이렇게 삶 속에 시간을 관통하여 존재하는 '자아'가 있다고 생각하고 살아가는 삶을 의미한다.

과연 이러한 자아가 실제로 존재하는 것일까? 우리는 형색을 지닌 몸[色]을 지니고, 느끼고[受] 생각하고[想] 행동하고[行] 인식하면서[識] 살아간다. 이것이 우리의 삶이다. 그런데, 이렇게 살아가면서 태어나서 죽을 때까지 존재하는 몸[色蘊]이 있고, 그 몸속에 변치 않고 존재하는 느끼는 마음[受蘊], 생각하는 마음[想蘊], 행동하는 마음[行蘊], 인식하는 마음[識蘊]이 있다고 생각한다. 과연 이러한 우리의 생각이 옳은 것일까? 불교는 이렇게 우리의 생각이 정당한가를 묻고 바르게 통찰하여 바른 생각을 가지고 생사와 윤회라는 망상을 버리고 살아가도록 가르치는 종교다.

우리가 붓다의 가르침에 따라 우리가 '자아'라고 생각하는 5온(五蘊)을 통찰하면 그것들이 무상(無常)하고, 괴로움이며, 시간을 관통하는 자아일 수가 없으며, 우리의 자아의식은 감각적 욕망을 축으로 형성된 허망한 망상(妄想)이라는 것을 깨닫게 된다. 붓다는 이것을 깨닫고, 감각적 욕망을 축으로 형성된 자아의식이 우리의 삶을 지배하면서 온 갖 괴로움을 일으키고 있기 때문에, 괴로움의 뿌리가 되는 허망한 자아의식을 버리도록 무아를 말씀하셨다. '자아'라 는 생각을 버린다고 해서 죽지는 않는다. 무아의 가르침에 따라 자신의 삶에서 '자아'라는 생각을 버리고 살면, 우리는 누구나 행복하게 살 수 있을 뿐이다. 붓다께서 가르친 무아 는 삶을 버리라는 말씀이 아니라, 삶 속에 존재한다고 믿고 있는 허망한 생각, 즉 망상을 버리라는 가르침이다.

무아의 가르침을 통해 행복을 느끼며 사는 사람에게는 '자아가 있는가, 없는가?'라는 논쟁은 무의미한 말장난이다. 이와 같이 자신의 삶에서 자아라는 망상이 사라진 뒤에는 무아는 아무런 의미가 없다. 이것이 뗏목의 비유이다. 무아 의 가르침은 강을 건넌 후에는 버려야 할 뗏목과 같은 것이 다.

무아가 종국에는 버려야 할 방편(方便)이라고 해서 붓 다가 무아가 아닌 어떤 진아(眞我)를 숨겨두고 있는 것은 아 니다. 붓다는 이것을 우려하여 "그대들은 뗏목의 비유를 이 해하여 마땅히 가르침[法]들도 버려야 하거늘, 하물며 가르 침이 아닌 것[非法]들은 말해 무엇 하겠는가?"라고 말씀하 신다. 여기에서 이야기하는 가르침이 아닌 것은 유아론(有我 論)이다. 무아(無我)를 버린다고 유아(有我)를 취해서는 안 된다는 것이다. 범부들은 '무아가 아니면 유아'라는 모순된 생각을 한다. 이 모순된 생각을 벗어나는 것이 중도(中道)이다. 이 법문은 중도를 벗어나서는 바르게 이해될 수 없다. 중도에서 연기하는 삶의 실상(實相)을 보아야 무아의 참뜻을 알 수 있는 것이다.

생사란
무엇인가

6

「3. 붓다는 윤회한다고 가르치지 않았다」는 글을 읽고, '그렇다면 불교의 해탈이란 무엇인가?'라는 의문이 들었을 것이다. 많은 수행자들이 윤회에서 벗어나 해탈하려는 목적으로 수행하고 있다. 그런데 붓다가 윤회를 가르치지 않았다면 수행은 무엇 때문에 한다는 말인가? 붓다가 깨달은 12연기(十二緣起)는 중생들이 3세(三世)에 걸쳐서 윤회하는 과정이 아닌가?

　이와 같은 문제를 12연기를 중심으로 생각해보기로 하자.

　붓다가 깨달은 진리, 즉 12연기는 너무나 심오하여 붓다 당시의 제자들도 그 의미를 이해하기 어려웠다. 『디가니

까야』15.「대인연경(Mahā-Nidāna Sutta)」에 다음과 같은 대화
가 나온다.

> 한쪽에 앉은 아난다 존자가 세존에게 말씀드렸습니다.
> "경이롭습니다. 세존이시여! 희유합니다. 세존이시
> 여! 세존이시여, 이 연기(緣起)는 심심미묘(甚深微妙)
> 합니다. 그렇지만 저에게는 아주 명백해 보입니다."
> "아난다여, 그렇게 말하지 마라. 아난다여, 그렇게
> 말해서는 안 된다. 이 연기는 심심미묘하다. 아난다
> 여, 이 연기를 알지 못하고 이해하지 못하기 때문에
> 이 인류는 뒤엉킨 실타래처럼 태어나고, 뭉친 실타
> 래처럼 태어나, 갈대나 억새처럼 살면서, 몹쓸 세상,
> 괴로운 세상, 험한 세상을 떠돌고 있다."

붓다가 깨달은 12연기는 아난다 존자도 이해하지 못할 정
도로 심오한 것이었다. 그래서 붓다가 열반하신 후에 12연
기에 대한 많은 해석이 등장한다. 그 가운데 가장 많은 지지
를 받아서 지금까지 전해지고 있는 것이 삼세양중인과설(三
世兩重因果說)이다. 삼세양중인과설이란 12연기의 12지(支)
를 과거·현재·미래의 3세로 구분하여 이들이 인과관계로
연결되어 있다고 보는 이론이다.

삼세양중인과설에 의하면, 12지 가운데 무명(無明)과 행(行)은 과거의 2인(因)이고, 식(識), 명색(名色), 6입(六入), 촉(觸), 수(受)는 현재의 5과(果)이다. 그리고 애(愛), 취(取), 유(有)는 현재의 3인(因)이고, 생(生), 노사(老死)는 미래의 2과(果)이다. 전생에 무명(無明)의 상태에서 업을 지어서 그 과보로 현생에 식(識)이 모태(母胎)에 들어와 명색(名色)으로 성장하여 6근(六根)을 갖추고 이 세상에 태어나서 괴로움을 받는데, 그 과정을 이야기한 것이 무명(無明), 행(行), 식(識), 명색(名色), 6입(六入), 촉(觸), 수(受)이다. 이것이 과거의 업(業)에 의해서 현재의 괴로움을 받는 인과(因果)이다. 중생들은 이 세상에 태어나 애착하고 취착하면서 유(有)를 만들어 다음 세상에 태어나 늙고 죽는 과정을 되풀이한다. 이 과정을 보여주는 것이 애(愛), 취(取), 유(有), 생(生), 노사(老死)로서, 애, 취, 유는 현재의 업으로서 미래의 인(因)이 되며, 생, 노사는 미래에 받게 되는 과보(果報)이다. 이와 같이 중생들이 3세(三世)에 걸쳐서 윤회하는 과정에서 나타나는 두 차례의 인과관계를 보여주는 것이 12연기라고 보는 것이 삼세양중인과설이다.

붓다가 열반하신 후에 여러 부파로 분열한 불교는 12연기에 대해서도 각기 다른 해석을 하다가 후대에 대부분 삼세양중인과설을 채택하게 된다. 그 결과 삼세양중인과설은 12연기의 가장 완전한 해석으로 인식되어 오늘에 이르고 있다.

　그러나 삼세양중인과설은 당시의 인도인들이 당연하게 생각했던 윤회설로 12연기를 해석한 것으로서, 12연기를 크게 왜곡(歪曲)한 것이다. 불교에서 극복하려고 하는 생사(生死)는 생물학적 의미의 태어남과 죽음이 아니라는 점에 유의해야 한다. 붓다가 직접 설명하시는 12연기의 내용을 보면 이 점이 더욱 명백해진다. 12연기에 의하면 노사(老死)의 원인은 생(生)이다. 생물학적으로 늙고 죽는 것의 원인은 세포의 노화와 사고나 질병이다. 따라서 생을 원인으로 하는 12연기의 노사는 생물학적인 늙고 죽음이 아니다. 생도 마찬가지이다. 생물학적인 생의 원인은 부모(父母)이지, 유(有)가 아니다. 그런데 12연기에서는 유가 생의 원인이라고 이야기한다. 붓다는 유를 원인으로 하는 생과 생을 원인으로 하는 노사를 문제 삼은 것이지, 결코 생물학적인 태어남과 죽음을 문제 삼지 않았다. 따라서 우리가 불교를 바르게 이해하기 위해서는 유를 원인으로 하는 생과 생을 원인으로 하는 노사가 무엇인지를 알아야 한다. 그리고 생과 노사의 원인이 되는 유가 무엇인지를 알아야 한다.

　『디가니까야』 15. 「대인연경(Mahā-Nidāna Sutta)」에서는 유에 대하여 다음과 같이 이야기한다.

"'유(有; bhava)라는 조건[緣] 때문에 태어남[生]이 있
다'라고 이야기했는데, 아난다여, 다음과 같은 이
유에서 유(有)라는 조건[緣] 때문에 태어남[生]이 있
다는 것을 알아야 한다. 아난다여, 전적으로, 완전
히, 언제 어디서건 유가 없다면, 즉 욕유(欲有; kāma-
bhava), 색유(色有; rūpa-bhava), 무색유(無色有; arūpa-
bhava)가 없다면, 어떤 경우에도 유가 없을 때, 유가
지멸(止滅)된 상태에서 태어남이 있다고 말할 수 있
겠느냐?"

"아닙니다. 세존이시여!"

"아난다여, 그러므로 유가 태어남의 원인이며, 인연
이며, 집(集)이며, 조건이다."

한역(漢譯)에서 '유(有)'로 번역한 'bhava'는 영어의 'be' 동
사에 해당하는 동사 'bhavati'의 동명사로서 'being', 즉 '일
정 시간 동일하게 존재하는 것'을 의미한다. 이 경에서는 생
(生)의 원인을 '일정 시간 동일하게 존재하는 것'이라고 하
고, 그 종류에 욕유(欲有; kāma-bhava), 색유(色有; rūpa-bhava),
무색유(無色有; arūpa-bhava)가 있다고 하고 있다. 아비달마불
교에서는 이와 같은 유(有)를 '다음 생에 태어날 존재'로 이
해하였다. 다음 생에 태어날 존재가 현재의 삶에서 만들어

져서, 죽으면 다음 세상에 태어나는 것을 "유(有; bhava)라는 조건[緣] 때문에 태어남[生]이 있다."는 말의 의미로 해석한 것이다.

그런데 이렇게 해석하자 문제가 생겼다. 붓다는 현생의 존재가 내생의 존재로 지속된다는 견해를 상견(常見)으로 규정하여 배척했고, 현생의 존재가 죽으면 사라진다는 견해를 단견(斷見)으로 규정하여 배척했다. 그리고 중도에서 12연기를 설했다. 따라서 다음 생에 태어날 존재가 현생에서 만들어져, 죽어서 다음 세상에 태어난다는 해석은 상견이 되기 때문에 붓다의 말씀에 어긋난다.

이러한 딜레마를 극복하기 위하여 만들어진 이론이 4유설(四有說)이다. 4유설은 유(有)에 생유(生有), 본유(本有), 사유(死有), 중유(中有), 네 가지가 있다는 이론이다. 생유란 태어나는 존재이고, 본유는 태어나서 죽을 때까지의 존재이고, 사유는 죽는 존재이고, 중유는 죽어서 다시 태어날 때까지 그 중간에 존재하는 존재다. 아비달마불교는 이렇게 유를 네 가지로 나눔으로써 상견과 단견을 피하려고 했다. 생유, 본유, 사유, 중유는 동일한 것이 아니기 때문에 상견이 아니고, 상속되기 때문에 단견이 아니라는 것이다.

이러한 4유설은 붓다가 말씀하신 것이 아니라 아비달마불교에서 만들어낸 이론이다. 붓다가 말씀하신 유(有)는 중생들이 존재의 실상을 알지 못하고 '자아(自我)'를 일정 시간 동일하게 존재하는 것으로 생각하는 중생들의 망상(妄想)이다. 즉 무명(無明)에서 연기한 것이다. 12연기는 이러한 중생들의 망상이 일어나는 과정을 보여준 것이지, 삼세에 걸쳐서 윤회하는 모습을 이야기한 것이 아니다.

『디가니까야』15. 「대인연경(Mahā-Nidāna Sutta)」에서 붓다는 12연기를 설명하시면서 다음과 같이 말씀하신다.

> "아난다여, 명색(名色)이 식(識)과 함께 상호간에 의존하여 발생할 때, 그때 너희들은 태어나거나, 늙거나, 죽거나, 변천하거나, 다시 태어나게 된다. 그때 명칭(名稱)의 과정이 있고, 그때 언어(言語)의 과정이 있고, 그때 개념(概念)의 과정이 있고, 그때 반야(般若)의 영역이 있고, 그때 윤전(輪轉)이 있으며, 현재의 상태를 나타내는 일이 되풀이된다."

우리는 여기에서 12연기의 생사(生死)가 무엇을 의미하는지 알 수 있다. 생사는 식(識)과 명색(名色)이 상호의존하면서 순환적으로 발생하는 것을 의미한다. 식을 조건으로 명색이 발생하고, 명색을 조건으로 식이 발생하는 것이 순환적으로 반복되는 것을 붓다는 생사라고 하고 있다. 이러한 생사는 생물학적인 생사나 사후에 다음 세상에 태어나는 윤회가 아니라, 명칭, 언어, 개념상의 생사이며 윤회이다. 따라서 이러한 생사와 윤회는 반야(般若), 즉 지혜로 통찰해야 할 영역이라고 이야기하고 있다. '현재의 상태'란 자아를 개념화하여 생로병사를 겪는 상태를 의미한다. 붓다는 중생들이 자아를 언어와 명칭으로 개념화하여 일정 시간 동일하게 존재하는 것, 즉 유(有)로 생각함으로써 생사의 세계에 빠져든다는 것을 12연기로 말씀하신 것이다.

중생의 생사와 윤회는 중생들의 자아에 의해 이루어진다. 그러나 그 자아는 실재하는 존재가 아니라 언어적으로, 개념적으로 주어진 명칭에 지나지 않는다. 그런데 그런 사실을 모르는 중생들은 다양하게 자아를 개념화하여 일정 시간 존속하는 존재로 생각한다. 중생들이 일정 시간 존속하는 존재로 생각하는 자아의 종류에 욕유(欲有), 색유(色有), 무색유(無色有)가 있고, 이렇게 중생들이 생각하는 자아에 의해서 욕계(欲界), 색계(色界), 무색계(無色界)라는 중생의 세계가 나타난다. 그 결과 중생들은 3계라는 세계 속에 욕유, 색유, 무색유라는 존재로 태어나서 죽어간다는 망상에 빠져 있다는 것을 보여주는 것이 12연기이다.

중생들의 생사는 이렇게 자아를 개념화하여 실재시하기 때문에 생기는 괴로움이다. 따라서 이런 사실을 명백하게 안다면, 우리는 생사의 괴로움에서 벗어날 수 있다는 것이 12연기를 설하신 붓다의 뜻이다. 그래서 12연기에는 유전문(流轉門)과 환멸문(還滅門)이 있다. 이러한 사실을 모르는 무지의 상태에서 생사의 괴로움이 끊임없이 반복된다는 것을 보여주는 것이 '무명(無明)이 있으면 생사(生死)가 있다'는 유전문이고, 이러한 사실을 알아서 '무명이 멸하면 생사가 멸한다'는 것을 보여주는 것이 환멸문이다.

열반이란
무엇인가

7

생사(生死)를 극복하여 열반(涅槃)을 성취하는 것이 불교의 목적이라고 한다면, 불교를 공부하는 사람들은 먼저 생사와 열반에 대하여 바르게 이해해야 할 것이다. 그래서 앞에서는 '불교에서 극복하려고 하는 생사란 무엇인가'라는 주제로 이야기했다. 이번에는 '열반이란 무엇인가'를 살펴보기로 한다.

붓다가 말씀하시는 생사는 생물학적인 의미의 생사가 아니라 중생들이 자아를 실재시(實在視)함으로써 생기는 번뇌이다. 우리는 태어나서 죽을 때까지 존재하는 자아가 몸속에 들어 있으며, 그 자아가 업을 짓고 보를 받으면서 살아간다고 생각한다. 생사란 그 자아가 태어나서 죽는 것이다.

그런데 만약에 그 자아가 존재하지 않는다면 생사가 있다고 할 수 있을까?

붓다는 『잡아함경』(335)에서 다음과 같이 말씀하신다.

"내가 이제 그대들을 위하여 법을 설하겠다. 처음도 좋고, 중간도 좋고, 마지막도 좋으며, 좋은 의미가 있고, 순일하게 청정함이 충만하며, 범행(梵行)이 청백(淸白)한 법으로서 제일의공경(第一義空經)이라고 부르는 것이다. 잘 듣고 바르게 사유하라. 그대들을 위하여 이야기하겠다. 어떤 것이 제일의공경인가? 비구들이여, 안(眼)은 생길 때 오는 곳이 없고, 사라질 때 가는 곳이 없다. 이와 같이 안은 부실하게 생기며, 생긴 것은 남음이 없이 사라진다. 업보(業報)는 있으나 작자(作者)는 없는 것이다. (……) 이(耳), 비(鼻), 설(舌), 신(身), 의(意)도 마찬가지이다."

이 경은 붓다가 직접 '공(空)'을 제일의(第一義), 즉 가장 근본이 되는 의미라고 말씀하신 매우 중요한 경이다. 여기에서 이야기되고 있는 안(眼)·이(耳)·비(鼻)·설(舌)·신(身)·의(意)가 6입처(六入處)이며, 이것은 지각을 할 때, 지각 행위를 하는 자[作者], 즉 자아를 의미한다. 우리가 사물을 볼 때, '보는 자아[眼]'가 나타난다. 그렇다면 보지 않을 때 그 자아는 어디에 있는 것일까? 보기 전에는 어디에 있다가, 볼 때는 나와서 보고, 보고 난 후에는 어디로 가는 것일까? 붓다는 그런 자아는 온 곳도 없고, 간 곳도 없이 허망하게 생겼다가 허망하게 사라지는 망상(妄想)일 뿐, 참된 존재가 아니라는 의미에서 '업보는 있으나 작자는 없다'고 말씀하셨다. 이것이 붓다가 말씀하신 공의 의미이다.

이러한 붓다의 말씀을 들어도 의심이 남을 것이다. 6입처에 영속성을 지닌 자아가 없다면, 인식의 주체는 무엇인가? 불교의 무아설의 영향을 받아 자아 없이 인지가 발생한다는 인지 이론을 주장하는 인지과학자 바렐라(Francisco J. Varela)는 다음과 같이 말한다.

> 인간의 역사를 통틀어 나타나는 반성적 사고의 전통—철학, 과학, 정신분석, 종교, 명상—은 자아에 대한 소박한 견해에 도전해왔다. 어떤 전통에서도 경험의 세계 내에서 독립적이며 영속적인 고유한 자아가 발견되었다는 주장이 존재한 적이 없다. 데이비드 흄(David Hume)의 유명한 구절을 인용하면서 이 점을 분명히 하여 보자. "내 개인적인 입장에서 보자면 내가 나 자신이라고 부르는 것에 가장 가깝게 갈

때 나는 항상 뜨거움 또는 차가움, 빛 또는 어두움,
사랑 또는 미움, 고통 또는 기쁨의 이러한 지각을 더
듬어 가고 있을 뿐이다. 나는 이러한 지각이 없이 나
자신을 포착한 적이 없으며, 이러한 지각 이외에는
아무것도 관찰한 것이 없다." 이러한 통찰은 자아에
대한 우리의 지속적인 확신과 정면으로 대립하고 있
다.[1]

붓다의 말씀과 데이비드 흄의 이야기는 너무도 유사하다.
우리는 항상 무엇인가를 보고, 듣고, 냄새 맡고, 맛보고, 촉
감을 느끼고, 생각한다. 이런 행위를 할 때, 우리는 그 행위
의 중심에 자아가 있다고 믿고 있다. 그러나 흄의 이야기와
같이, 우리가 자아를 찾아보면, 우리에게 관찰되는 것은 '지
각하는 자아'가 아니라 '지각'일 뿐이다. 그 지각은 나타나면
사라지고, 항상 변화한다. 제일의공경은 이 점을 이야기한
것이다.
　　바렐라는 다음과 같이 말한다.

1　　바렐라·톰슨·로쉬 공저, 석봉래 옮김, 『인지과학의 철학적 이해』(서울:옥
　　토, 1997), p. 116.

데까르트는 너무 빨리 중단하였다. 그의 "나는 생각
한다. 그러므로 존재한다."는 생각하는 존재인 "나"
의 본성을 다루지 않은 채 그냥 내버려두고 있다. 참
으로 데까르트는 "나"는 근본적으로 사고하는 존재
라고 하였다. 그러나 여기서 그는 너무도 멀리 갔다.
"나는 존재한다."는 것에서 얻을 수 있는 유일한 확
실성은 내가 생각한다는 것이다. 만일 데까르트가
충분히 엄밀하고, 주의 깊고, 세심했다면 그는 나는
생각하는 존재(res cogitanos)라는 결론으로 비약하지
는 않았을 것이다. 오히려 그는 마음 그 자체의 과정
에 주의를 집중했을 것이다. [2]

바렐라의 말처럼 우리가 지각하는 마음 그 자체의 과정에
주의를 집중하면, 지각하는 작자(作者)는 없고, 지각 행위와
그 결과[業報]만 있다는 것을 알 수 있을 것이다. 붓다는 12
연기의 역관에서 지각하는 존재가 있다는 결론으로 비약
하지 않고, 과정을 성찰하셨던 것이다. 그 결과 지각하는 자
아, 즉 6입처는 몸속에 존재하는 우리의 자아가 아니라, 어

---

[2]   바렐라·톰슨·로쉬, 위의 책, p. 119.

떤 이름과 형태를 지닌 것을 지각할 때만 나타난다는 것을 발견하셨다. 12연기에서 명색(名色)에 의지하여 6입(六入)이 있다고 한 것은 이것을 의미한다.

『중아함경』의 「분별성제경(分別聖諦經)」에서는 열반에 대하여 다음과 같이 이야기한다.

> 어떤 것이 애(愛)가 멸한 고멸성제(苦滅聖諦)인가? 중생들은 내6처(內六處) 즉, 안(眼), 이(耳), 비(鼻), 설(舌), 신(身), 의처(意處)를 애착하고 있다. 그가 만약 이들에서 해탈하고, 이들에 물들지 않고, 집착하지 않고, 끊고, 모두 버려서, 이들에 대하여 욕탐이 없으면, 이들이 멸하고, 그치고, 사라진다. 이것을 괴로움이 멸했다고 한다. 이와 같이 외6처(外六處), 촉(觸), 수(受), 상(想), 사(思), 애(愛)도 마찬가지이다. 중생들은 6계(六界), 즉 지(地), 수(水), 화(火), 풍(風), 공(空), 식계(識界)를 애착하고 있다. 그가 만약 이들에서 해탈하고, 이들에 물들지 않고, 집착하지 않고, 끊고, 모두 버려서, 이들에 대하여 욕탐이 없으면, 이들이 멸하고, 그치고, 사라진다. 이것을 괴로움이 멸했다고 한다.

우리는 보고, 듣고, 냄새 맡고, 맛보고, 만지고, 생각하는 '자아(自我)'가 보이고, 들리고, 냄새나고, 맛나고, 만져지고, 생각되는 '세계(世界)'에 태어나서 살다가 죽는다고 생각한다. 그리고 자아와 세계는 공간 속에서 지(地), 수(水), 화(火), 풍(風)과 같은 물질적 실체들과 의식(意識)과 같은 정신적 실체들로 이루어진 것이라고 생각하고 있다. 이와 같은 우리의 생각을 이 경에서는 내6처(內六處), 외6처(外六處), 6계(六界)라고 한다. 그리고 욕탐과 애착을 버림으로써, 중생들이 자기의 존재로 애착하고 있는 내6처와 외부의 세계로 생각하고 있는 외6처, 그리고 존재를 구성하고 있는 요소로 생각하고 있는 6계가 멸하고 사라진 세계가 괴로움이 사라진 열반의 세계라고 이야기한다. 열반의 세계는 자아도 사라지고, 세계도 사라진 무아(無我)의 세계이며, 공(空)의 세계라는 것이다.

도대체 이런 세계가 어떻게 가능하며, 그 세계는 구체적으로 어떤 세계일까? 모든 존재와 생명이 사라진 허무와 죽음의 세계일까? 그렇지 않으면 생사가 없는 열반의 세계가 생사 윤회하는 중생의 세계 저편에서 해탈한 사람을 기다리고 있는 것일까?

이러한 의문은 불교를 수행하는 사람들의 오랜 의문이었으며, 지금도 많은 사람들이 품고 있는 의문일 것이다. 붓다 당시에도 열반의 세계가 어떤 것인지는 큰 의문 가운데 하나였던 것 같다. 『잡아함경』(249)에서는 아난 존자도 이러한 의문에 빠져 있었음을 다음과 같이 보여주고 있다.

존자 아난이 존자 사리불에게 물었다.
"6촉입처(六觸入處)를 멸진하고, 욕탐을 떠나면, 멸하고 사라져 버린 후에 다시 남는 것이 있습니까?"
사리불이 대답했다.
"남는 것이 있는가, 없는가를 묻는 것은 모두 무의미한 말(虛言)입니다. (……) 만약 6촉입처를 멸진하고, 욕탐을 떠나면, 6촉입처에서 생긴 모든 것이 멸하여 사라진 후에, 모든 허위(虛僞)를 떠나, 반열반(般涅槃)을 얻게 된다고 말한다면, 이것이 붓다의 말씀입니다."

열반의 세계는 중생의 세계와 따로 있는 것이 아니다. 중생의 세계는 허위의 세계이고, 열반의 세계는 진실의 세계라는 것이 이 경의 의미이다.

우리가 진실을 알기 위해서는 허위를 먼저 알아야 한다. 왜냐하면 거짓이 거짓인 줄을 아는 것이 곧 진실이기 때문이다. 우리는 허위의 세계에 살고 있다. 불교는 허위의 세계가 거짓된 세계인 줄을 깨닫게 하는 종교다. 붓다는 우리가 거짓에 속아 살고 있다는 것을 깨우쳐 주신 것이다. 그래서 불교의 교리는 항상 2제(二諦)의 구조를 갖는다. 세속제(世俗諦)는 허위의 세계의 실상을 보여주는 진리이고, 제일의제(第一義諦)는 참된 세계의 실상을 보여주는 진리이다. 4성제의 고성제와 집성제는 허위의 세계의 실상이고, 멸성제와 도성제는 참된 세계의 실상이다. 허위의 세계의 실상도 실상이고, 참된 세계의 실상도 실상이기 때문에 두 가지 진리, 즉 2제라고 부르는 것이다.

12연기의 유전문(流轉門)은 4성제의 고성제와 집성제를 의미하고, 환멸문(還滅門)은 4성제의 멸성제와 도성제를 의미한다. 생사는 본래 없는데, 이러한 사실을 모르는 무지의 상태에서 자아를 취함으로써 생사의 괴로움이 끊임없이 반복된다는 것을 보여주는 것이 무명이 있으면 생사가 있다는 유전문이고, 이러한 사실을 알아서 무명이 멸하면 생사가 멸한다는 것을 보여주는 것이 환멸문이다.

이와 같이 붓다께서 우리에게 가르친 열반은, 초월적인 신비의 세계가 아니라, 허위의 생사를 벗어나 본래 생사가 없는 무아의 실상을 깨닫고 살아가는 환멸문의 도성제, 즉 8정도를 실천함으로써 얻는 행복한 삶을 의미한다.

붓다는
평화를
가르쳤다

8

불교는 초월적인 신비주의가 아니다. 붓다는 신비주의의
허위를 폭로하고, 진실 속에서 살아갈 것을 가르쳤다. 붓다
당시에 인도인들은 '끊임없이 생사를 거듭하면서 죽으면
다음 세상에 태어난다'는 생각, 즉 윤회를 믿고 있었다. 『맛
지마니까야』 2. 「일체의 번뇌[漏] 경(Sabbāsava-sutta)」에서, 붓
다는 이러한 신비주의를 이치에 맞지 않는 생각이라고 비
판하신다.

"무지한 범부는 다음과 같이 이치에 맞지 않는 생각
을 한다오.
'나는 진실로 과거세에 존재했을까, 존재하지 않았

을까? 진실로 과거세에는 무엇이었을까? 진실로 과
거세에는 어떻게 지냈을까? 나는 진실로 과거세에
무엇이 되어, 무엇으로 존재했을까? 나는 진실로 미
래세에 존재하게 될까, 존재하지 않게 될까? 진실로
미래세에는 무엇이 될까? 진실로 미래세에는 어떻
게 지내게 될까? 나는 진실로 미래세에 무엇이 되어,
무엇으로 존재하게 될까?'

현실에서는 현세(現世)의 자신을 의심한다오.

'나는 진실로 존재하는가, 존재하지 않는가? 나는 진
실로 무엇인가? 나는 진실로 (현세에) 어떻게 지낼까?
이 중생은 어디에서 와서 어디로 가게 될까?'

(……)

비구들이여, 이것을 사견(邪見)에 빠짐, 사견을 붙잡
음, 사견의 황무지, 사견의 동요, 사견의 몸부림, 사
견의 결박이라고 한다오. 비구들이여, '사견의 결박
에 묶인 무지한 범부는 생(生), 노사(老死), 근심[憂],
슬픔[悲], 고통, 우울(憂鬱), 불안(不安)이 있는 삶에서
벗어나지 못하며, 괴로움에서 벗어나지 못한다'라고
나는 말한다오."

붓다가 벗어나라고 가르친 생사는 이치에 맞지 않는, 생사

를 거듭하면서 윤회한다고 생각하는 당시의 윤회 사상이다. 붓다가 깨달은 연기법, 즉 12연기를 보면 생사(生死)와 온갖 괴로움은 무명(無明)에서 연기한다. 이와 같이 12연기는 생사 윤회한다는 이치에 맞지 않는 생각과 그로 인해서 비롯된 번뇌와 괴로움이 어떻게 발생하는지를 밝힌 것이다. 한마디로 말해서 생사 윤회는 무지(無知)의 소산이라는 것을 밝힌 것이 12연기인 것이다. 그런데 아비달마불교에서 12연기를 삼세양중인과설로 해석했다. 12연기는 과거세에서 현세를 거쳐 내세로 이어지는 윤회설이라는 것이다. 붓다는 윤회한다는 생각이 무명에서 비롯된 헛된 생각이라는 것을 밝히셨는데, 이것을 아비달마불교에서는 무명으로 인해서 삼세에 걸쳐 윤회하게 된다고 해석한 것이다.

이러한 아비달마불교의 해석이 붓다의 말씀으로 둔갑하여 불교의 열반과 해탈을 태어나지도 않고 죽지도 않는 신비한 경지로 이해하고, 이것을 추구하고 있는 것이 작금의 현실이다. 열반과 해탈이라는 말 자체에는 신비하고 초월적인 의미가 없다. 열반(涅槃; nibbāna)은 번뇌의 불길이 꺼진 상태를 의미하고, 해탈(解脫; vimokkha)은 탐욕과 분노와 무지에서 벗어나는 것을 의미한다. 그런데 신비하고 초월적인 것을 바라는 사람들이 그 의미를 왜곡하여 불교를 신비주의로 만들었을 뿐이다.

붓다가 우리에게 가르친 것은 신비한 초월의 세계가 아니라 다투지 않고 살아가는 평화로운 삶이다. 이것은 『맛지마니까야』 18. 「꿀 덩어리 경(Madhupiṇḍika-sutta)」에서 확인된다.

한때 세존께서는 싹까(Sakka)의 까삘라왓투(Kapilavatthu)에 있는 니그로다(Nigrodha) 승원(僧園)에 머무시었습니다. 그때 세존께서는 오전에 옷을 입고, 발우와 법의(法衣)를 지니고 탁발하러 까삘라왓투에 들어가셨습니다. 탁발을 하여 식사를 마치신 다음, 오후의 휴식을 위해 마하와나(Mahāvana)에 가시었습니다. 마하와나에 깊숙이 들어가시어 오후의 휴식을 하려고 어린 벨루와(beluva) 나무 아래에 앉으셨습니다. 그때 단다빠니 싹까(Daṇḍapāṇi Sakka)가 이리저리 산책하다가 세존의 뒤를 따라 마하와나에 갔습니다. 그는 마하와나에 깊이 들어가서 어린 벨루와 나무로 세존을 찾아갔습니다. 단다빠니 싹까는 세존과 정중하게 인사를 하고, 공손한 인사말을 나눈 후에 지팡이를 짚고 한쪽에 서서 세존께 말했습니다.
"사문(沙門)은 어떤 가르침을 이야기하고, 무엇을 선언합니까?"

"존자여, 나는 천신(天神)과 마라(Māra)[3]와 브라만 (Brahman; 梵天)을 포함하는 세간(世間)과 사문과 바라문과 왕과 사람들을 포함하는 인간 가운데서 누구와도 다투지 않고 세간에 머무는 가르침을 이야기하며, '감각적 욕망에서 벗어나 살아가는 의혹이 없고, 회한이 없고, 유(有)와 무(無)를 갈망하는 마음[愛]이 없는 바라문에게는 관념[想]들이 잠재하지 않는다'라고 선언한다오. 존자여, 나는 이와 같은 가르침을 이야기하고, 이와 같이 선언한다오."

이렇게 말씀하시자, 단다빠니 싹까는 머리를 가로젓고, 혀를 차면서, 이맛살을 찌푸리고, 눈을 찡그리며 지팡이를 짚고 떠나갔습니다.

이 경은 당시의 사람들의 생각과 붓다의 생각을 잘 보여주고 있다. 당시 종교 사상가들의 관심은 생사 윤회에서 벗어나는 것이었다. 그런데 그들이 주장하는 견해와 방법은 각기 달랐다. 바라문교에서는 아트만이 윤회하다가 자신이 곧 브라만이라는 진리를 알게 되면 윤회에서 벗어나 해탈하게

---

3   죽음의 신.

된다고 주장했고, 자이나교에서는 지와(Jīva)라는 정신적 실체가 물질적인 육체에서 벗어나는 것이 해탈이라고 주장했다. 이와 같이 다양한 윤회론(輪廻論)과 해탈론(解脫論)이 있었기 때문에 단다빠니 싹까는 붓다에게 '당신은 어떤 주장을 하는가?'라고 물었다. 그런데 붓다는 윤회론과 해탈론을 말씀하시지 않고 '감각적 욕망에서 벗어나 다투지 않고 사는 법'을 가르친다고 말씀하신다. 윤회와 해탈에 대한 이야기를 기대했던 단다빠니 싹까는 실망하여 그 자리를 떠나간다.

불교에서 윤회와 해탈을 기대하는 사람들도 이 이야기를 듣고 실망하여 떠날지 모른다. 그런데 붓다는 단다빠니 싹까를 만나 그와 나눈 대화를 비구들에게 알려준다. 그리고 어떤 비구의 질문에 다음과 같이 대답하신다.

"세존이시여, 세존께서는 어떻게 천신과 마라와 브라만을 포함하는 세간(世間)과 사문과 바라문과 왕과 사람들을 포함하는 인간에서 누구와도 다투지 않고 세간에 머무는 가르침을 이야기하십니까? 세존이시여, 그리고 어찌하여 감각적 욕망에서 벗어나 살아가는 의혹이 없고, 회한이 없고, 유(有)와 무(無)를 갈망하는 마음[愛]이 없는 바라문으로서, 세존에게는 관념[想]들이 잠재하지 않는다고 하십니까?"

"비구여, 그 까닭은 사람에 대한 관념적인 이론[戱論] 과 관념[想]과 명칭(名稱)이 통용(通用)될 때, 만약 여 기에서 좋아하거나, 주장하거나, 고집하지 않으면, 이것이 무의식적인 탐욕[貪睡眠]의 끝이며, 무의식적 인 분노[瞋睡眠]의 끝이며, 무의식적인 사견[見睡眠] 의 끝이며, 무의식적인 의심[疑睡眠]의 끝이며, 무의 식적인 교만[慢睡眠]의 끝이며, 존재에 대한 무의식 적인 탐욕[有貪睡眠]의 끝이며, 무의식적인 무명[無明 睡眠]의 끝이며, 몽둥이를 들고, 칼을 들고, 싸우고, 다투고, 논쟁하고, 언쟁하고, 험담하고, 거짓말하는 일의 끝이며, 여기에서 이들 사악(邪惡)하고 불선(不 善)한 법들이 남김없이 사라지기 때문이다."

여기에서 붓다는 왜 세상에 다투고 싸우는 일이 일어나는 가를 말씀하신다. 관념(觀念)과 명칭(名稱)을 가지고 이론[戱 論]을 만들어 이것을 주장하고 고집하기 때문에 세상 사람 들은 다투고 싸운다는 것이다. 모든 다툼에는 나름의 견해 와 주장이 있다. 자신의 견해와 주장이 옳다고 고집하기 때 문에 논쟁과 분쟁이 생긴다. 따라서 붓다는 이러한 견해와 분쟁을 종식하고 함께 화합하여 평화롭게 사는 법을 가르 친다는 것이다.

그렇다면 왜 서로 다른 견해와 주장이 대립하게 되는 것일까? 붓다의 말씀을 들은 비구들은 이 말씀의 의미를 이해하지 못하고 마하깟짜나 존자를 찾아가서 그 의미를 묻는다. 마하깟짜나 존자는 다음과 같이 그 의미를 설명한다.

"존자들이여, 세존께서 간단하게 하신 말씀의 의미를 나는 이와 같이 자세하게 이해하고 있습니다. 존자들이여, 시각활동[眼]과 보이는 형색[色]들을 의지하여 시각(視覺)으로 분별하는 마음[眼識]이 생깁니다. 셋의 만남이 경험[觸]입니다. 경험을 의지하여 느낌[受]이 있으며, 느낀 것을 개념화하고, 개념화한 것을 논리적으로 사유(思惟)하고, 논리적으로 사유한 것으로 관념적인 이론[戲論]을 만들며, 관념적인 이론을 만들기 때문에 과거, 미래, 현재의 시각활동[眼]으로 분별하는 형색[色]들에서 사람에 대한 관념적인 이론과 관념[想]과 명칭(名稱)이 통용(通用)됩니다. 청각활동[耳], 후각활동[鼻], 미각활동[舌], 촉각활동[身], 마음활동[意]도 마찬가지입니다."

우리가 주장하는 이론은 관념과 명칭으로 이루어진다. 즉 개념을 논리적으로 사유하여 만들어낸 것이 이론이다. 우리는 이러한 이론을 진리라고 생각한다. 그래서 자신의 이론을 진리라고 주장하는 것이다. 그런데 마하깟짜나 존자는 모든 이론이 자신의 지각과 경험을 통해서 느낀 자신의 감정에 기초한 것임을 이야기하고 있다. 세상 사람들이 진리라고 주장하는 이론은 자신들의 마음에 드는 이론일 뿐, 진실을 이야기하는 진리가 아니라는 말씀이다.

어느 누구와도 다투지 않고 사는 법이 불교다. 그렇다면 어떻게 해야 다투지 않고 살 수 있을까? 이 경에 의하면, 언어로 구성된 모든 이론이 자신의 경험과 감정에 의해 합리화된 억측[戱論]이라는 것을 깨닫고, 감각적 욕망에서 벗어나 세상을 있는 그대로 통찰하여 의혹이 없고, 회한이 없고, 유(有)와 무(無)를 갈망하는 마음[愛]이 없이 살아가는 것이 다투지 않고 사는 길이다.

12연기의 통찰이 바로 이론을 만들지 않고, 자신의 고통이 일어나고 사라지는 것을 바르게 통찰하는 방법이다. 그런데 이것을 삼세양중인과설이라는 이론으로 만들었기 때문에 윤회에 대한 갖가지 견해와 주장이 대립하게 되었다. 이런 허망한 견해를 버리고 감각적 쾌락에서 벗어나 다투지 않고 평화롭게 사는 것이 붓다의 가르침을 바르게 따르는 것이다.

모든 것은
삶에서
연기한다

9

기독교의 성경은 「창세기」에서 시작된다. 이 세상은 여호와라는 신이 창조했다는 것이다. 붓다 당시의 브라만교에서도 브라만신이 이 세상을 만들었다고 주장한다. 대부분의 종교에서는 이와 같이 이 세계의 시초에 대하여 이야기한다. 그리고 그것이 그 종교의 신앙의 근본이 된다.

그렇다면 불교에서는 이 세계를 누가 만들었다고 이야기할까? 모든 것이 상호의존적으로 존재한다는 연기설을 주장하는 불교에서는, 이 세계를 실체들이 존재하는 것으로 보지 않고, 관계에 의해 모든 것이 과정적으로 존재하는 것으로 본다. 붓다는 이러한 관계의 근원을 삶과 인지의 구조라고 이야기한다. 붓다는 이 세계의 근원에 대하여 묻는 사람에게 『잡아함경』에서 다음과 같이 대답한다.

"일체는 12입처(入處)다. 안(眼)과 색(色), 이(耳)와 성
(聲), 비(鼻)와 향(香), 설(舌)과 미(味), 신(身)과 촉(觸),
의(意)와 법(法), 이것을 일체라고 부른다. 만약 이것
을 일체라고 하지 않고 (……) 다른 일체를 세운다면,
그것은 단지 언설(言說)만 있기 때문에, 물어도 알지
못하고 의혹만 늘어갈 것이다. 그 까닭은 그것은 경
계(境界)가 아니기 때문이다."[4]

여기에서 일체는 세계의 근원을 의미한다. 당시 정통 사상
인 브라만교에서는 브라만, 즉 정신적 실체를 일체라고 주
장했고, 이를 부정하고 등장한 새로운 사상가들은 지(地)·
수(水)·화(火)·풍(風)과 같은 여러 가지 요소, 즉 정신적, 물
질적 실체들을 일체라고 주장했다. 그러나 붓다는 우리의
삶의 토대가 되는 인지구조(眼·耳·鼻·舌·身·意)와 그 구조에
의존하여 함께 나타나는 것(色·聲·香·味·觸·法)을 일체라고
이야기한다. 우리는 인지구조의 핵심에 정신적 실체가 있

---

4   『雜阿含經』 권 13(『大正新脩大藏經』 2, p. 91ab)의 필자 번역.

다고 생각하고, 감각에 의해 지각되는 것은 물질적 실체라고 생각한다. 그러나 붓다의 생각에 따르면, 물질과 정신은 단지 언어일 뿐이다. 그래서 물질이 무엇인가, 정신이 무엇인가를 알려고 한다면 의혹만 증대할 뿐 결국 알 수 없다는 것이다. 그 까닭을 붓다는 그것이 우리 인지구조의 영역[境界]이 아니기 때문이라고 이야기한다.

붓다의 이야기는 "세계는 인간의 감각 지각 기억의 구조물이다."[5]라는 오스트리아의 물리학자 슈뢰딩거의 이야기와 상통한다. 세계는 인간과 독립적으로 실재하는 것이 아니다. 세계는 인간이 보고, 느끼고, 생각하는 삶과 함께 있다. 동물에게는 그들의 삶과 함께 그들의 세계가 있다. 불교에서 이야기하는 세계는 이렇게 삶과 인지의 구조를 통해 그 구조와 함께 나타난다. 따라서 불교에서는 인지구조와 세계, 삶과 세계가 분리되지 않는다.

이러한 불교의 세계관은 인류원리(anthropic principle)와 상통한다. 월리스는 인류원리를 소개하면서 그 핵심적 요소를 "인간의 존재가 우주의 설계를 결정하고, 반대로 우주

---

5   Erwin Schrödinger, *Mind and Matter*(Cambridge: Cambridge University Press, 1958), p. 38.[앨런 월리스, 『과학과 불교의 실재 인식』, 홍동선 역(서울: 범양사 출판부, 1991), p. 136에서 재인용]

의 설계가 인류의 생존을 가능케 한다."6라는 것이라고 규정한다. 천문학자 에드워드 헤리슨은 "인류원리는 우리 인류가 이곳에 있기 때문에 우주가 지금과 같은 방식으로 존재한다는 것을 강조하고 있다."7라고 말한다. 인류원리는 인간이 경험하는 우주 내부에서 인간이 차지하는 핵심적인 역할을 강조하는 것으로서, 인류뿐만이 아니라 모든 생물은 그들이 살고 있는 세계에 참여하는 역할을 한다는 것을 이야기하고 있는 것이다.8

인류원리는 연기설에 근거한 불교의 '유심(唯心) 사상'과 상통한다. 세계는 항상 삶의 구조[心]에 의해 드러나고, 그 세계에서의 삶이 다시 새로운 삶의 구조를 형성한다는 것이 연기설에 근거한 불교의 업설(業說)이며, 유심 사상이다. 이와 같은 세계관에서 본다면 인간과 세계에 대한 모든 논의는 인간의 삶, 즉 업보와 직결된다.

모든 존재의 근원은 삶, 즉 업(業)이다. 인간도 업의 결과[業報]이고, 세계도 업의 결과이다. 불교에서 이야기하는

---

6   앨런 월리스, 위의 책, p. 132.

7   같은 책.

8   위의 책, p. 133 참조.

중생의 세계, 즉 3계(三界)는 업보의 세계이다. 따라서 중생의 세계는 중생의 삶에 의해서 형성되고 소멸된다. 『세기경(世記經)』에 의하면, 중생들의 악행으로 인하여 인간의 수명이 단축되고, 좋은 음식과 의복이 사라지며, 땅은 황폐해진다.[9] 그리고 사람들이 정법(正法)을 행하고 선행을 닦아 모두가 천상에 올라가면, 중생들이 살던 하계(下界)의 세계는 사라진다.[10] 천상에 살던 중생들이 복이 다하여 그곳에서 수명을 마치면, 다시 하계에 내려오게 되는데, 이때 다시 천지(天地)가 이루어진다.[11] 이와 같이 근본불교에서는 인간과 세계를 형이상학적 실체를 가정하여 이해하지 않고 삶의 과정, 즉 업보로 이해한다.

이와 같은 근본불교의 세계관과 인간관은 대승불교로 이어진다. '일체유심조(一切唯心造)'를 이야기하는 『화엄경』에서는 다음과 같이 이야기한다.

차별된 현상을 분명히 알되,

---

9   『佛說長阿含經』 권 22(『大正新脩大藏經』 1, p. 144ab) 참조.

10 『佛說長阿含經』 권 21(『大正新脩大藏經』 1, p. 137bc) 참조.

11 『佛說長阿含經』 권 22(『大正新脩大藏經』 1, p. 145) 참조.

언설(言說)에 집착하지 마라.

일(一)과 다(多)가 따로 없다는 것을 아는 것이

불교를 따르는 것이다.

(了知差別法 不著於言說 無有一與多 是名隨佛教)

중생과 국토를 동일하다고도 할 수 없고,

다르다고도 할 수 없나니

이와 같이 잘 관찰하는 것을

불법의 의미를 알았다고 하는 것이다.

(衆生及國土 一異不可得 如是善觀察 名知佛法義)**12**

마음은 화가와 같이

갖가지로 5온(五蘊)을 그린다.

그러므로 일체의 세계 가운데

마음이 만들지 않은 것이 없다.

(心如工畫師 畫種種五陰 一切世界中 無法而不造)

마음처럼 붓다도 그렇게 하고,

12　『大方廣佛華嚴經』권 13(『大正新脩大藏經』10, p.65a)의 필자 번역.

붓다처럼 중생도 그렇게 한다.

그러므로 마음과 붓다와 중생,

이 셋은 차별이 없다.

(如心佛亦爾 如佛眾生然 心佛及眾生 是三無差別)

모든 붓다는

일체는 마음에서 벌어진다는 것을 안다.

그러므로 이와 같이 이해한다면,

그 사람이 참된 붓다를 본 것이다.

(諸佛悉了知 一切從心轉 若能如是解 彼人見真佛)

마음이 이 몸에 있는 것도 아니고,

몸이 이 마음에 있는 것도 아닌지라

일체의 불사(佛事)를 지음에

더없이 자재하다.

(心亦非是身 身亦非是心 作一切佛事 自在未曾有)

삼세(三世)의 일체 붓다를

알고 싶은 사람은

마땅히 이와 같이 관찰하라.

"마음이 모든 여래(如來)를 만든다."[13]

(若人欲求知 三世一切佛 應當如是觀 心造諸如來)

대승불교는 불교가 아니라는 사람도 있고, 대승불교와 근본불교는 많은 차이가 있다고 말하는 사람도 있다. 그러나 이 게송이 보여주듯이 대승불교는 결코 근본불교와 다르지 않다. 위의 게송을 근본불교의 입장에서 해석해보자.

우리가 보는 차별은 보고 들은 것, 즉 12입처에서 연기한 것을 언어로 분별한 것에 지나지 않는다. 이것을 알아서 언설에 집착하여 분별하지 말라는 것이 붓다의 가르침이다.

일정한 국토에서 중생들이 사는 것이 아니라, 중생의 삶을 통해서 국토와 세계의 모습이 나타난다. 따라서 중생과 국토를 같다거나 다른 것이라고 분별해서는 안 된다.

우리의 삶은 우리의 마음을 형성하고, 그 마음으로 5온(五蘊)이라는 자아와 세계를 만든다. 붓다가 말씀하신 일체의 세계는 이렇게 마음이 만든 것이다.

이렇게 자아와 세계를 만드는 마음은 붓다와 중생의 차이가 없다. 붓다도 마음으로 세계를 만들고, 중생도 마음으

---

13   위의 책, p. 466a의 필자 번역.

로 세계를 만든다. 중생의 세계와 붓다의 세계가 차별되는 것은 붓다는 붓다의 마음으로 붓다의 세상을 만들고, 중생은 중생의 마음으로 중생의 세상을 만들기 때문이다. 따라서 차별은 '마음 씀'에 있는 것이지, 마음 자체에 중생과 붓다의 차별이 있는 것은 아니다.

붓다들은 이러한 사실을 알기 때문에 붓다의 마음을 일으켜서 붓다의 세상을 만들고, 중생들은 이러한 사실을 모르기 때문에 스스로 고통스러운 세상을 만들며 살아간다. 따라서 이러한 사실을 깨닫는 것이 자신의 참모습, 즉 진불(眞佛)을 보는 것이다.

몸과 마음을 분별하여 '몸이 삶의 주인인가, 마음이 삶의 주인인가?'를 따지는 것은 무의미하다. 몸 없이 마음 없고, 마음 없이 몸 없다. 몸과 마음을 잘 다스려서 바른 삶을 사는 것이 중요하다. 이렇게 몸과 마음을 분별하지 않고, 몸과 마음을 가지고 자재한 삶을 사는 것이 붓다의 일, 즉 불사(佛事)다.

그러므로 붓다의 가르침을 배워서 붓다가 되고 싶은 사람은 마음이 붓다를 만든다는 것을 알고, 붓다의 마음으로 붓다의 삶을 살아야 한다.

이상에서 살펴보았듯이, 이 세상은 마음에서 벌어진 것이라는 가르침은 대승불교의 주장이 아니라 붓다의 근본 가르침이다. 이러한 근본 가르침을 알지 못하면 불교를 바르게 이해할 수 없다. 그리고 불교의 역사도 바르게 이해할 수 없다. 지금 우리 주변에서 아비달마불교를 공부하는 분들이 대승불교를 비난하는 것도 이러한 이해의 부족에서 비롯된 것이라고 생각된다.

한길 몸속에
세상이 있다

10

세상은 우리가 태어나서 죽는 곳이다. 이러한 세상을 인도에서는 'loka'라고 부르고 한자(漢字) 문화권에서는 이것을 '세간(世間)'이라고 번역하여 불렀다. 붓다 당시의 인도인들은 사람은 세간에 태어나서 늙고 죽으면 다른 세간으로 옮아가서 다시 태어난다고 믿었다. 이것이 인도의 윤회설이다.

인도의 윤회설은 『우파니샤드』에서 구체적으로 형성된다. 그 대표적인 예가 오화이도설(五火二道說)이다. 오화이도설은 오화설(五火說)과 이도설(二道說)이 결합된 것이다. '오화설'은 제사에서 사용되는 제화(祭火)와 관련지어 인간이 다시 이 세상으로 돌아오는 5단계의 과정을 설명한 것이다. 죽은 사람을 화장하면 그의 영혼은 연기를 타고 먼저 달로

간다. 다음에는 비가 되어 지상으로 내려온다. 그 후에 식물의 뿌리에 흡수되어 인간이나 짐승의 음식이 된다. 남자가 그 음식을 먹으면 정자가 되며, 부부관계를 통해서 모태로 들어가 이 세상에 다시 태어나게 된다. 사람이 죽으면 '달–비–식물–정자–모태'의 5단계를 거쳐 다시 태어난다는 것이 '오화설'이다. '이도설'은 '오화설'에서 발전한 것으로서, 신도(神道)와 조도(祖道)라는 두 가지 길을 설정한다. '신도'는 우파니샤드의 진리를 깨달아 무지에서 벗어난 수행자가 사후(死後)에 화장의 불길을 타고 천계(天界)로 가서, 신들의 세계를 포함한 다양한 세계를 거치면서 브라만천[梵天]의 세계에 도달해 다시는 이 세상에 되돌아오는 일이 없는 과정이다. '조도'는 제사와 보시로 선행을 쌓은 자가 사후에 화장의 연기와 함께 천계로 가서 조상들이 갔던 길을 따라 달에 이르고, 여기서 전생의 업력이 다할 때까지 머물다가 앞에서 말한 오화설의 과정을 거쳐서 지상에 재생하는 과정이다. 그러나 선행을 짓지 않고 악업을 일삼은 사람은 신도와 조도의 어디로도 들어갈 수 없이 허공을 떠돈다고 한다.

붓다 당시의 인도인들은 이러한 내세관을 가지고 있었다. 당시의 이러한 윤회 사상에 대하여 붓다는 어떻게 생각했을까? 이미 여러 경전을 통해서 살펴본 바와 같이, 붓다는 당시의 윤회설을 이치에 맞지 않는 어리석은 생각이라고 비판하셨다. 윤회설은 영원히 흐르는 시간과 끝없이 펼쳐진 공간 속에 우리가 사는 세상이 있고, 그 속에서 태어나서 늙고 병들어 죽는 일시적인 삶을 사는 것이 우리의 삶이라고 생각하는 세계관에 그 뿌리가 있다. 그러나 붓다가 깨달아 가르친 세계는 이러한 세계가 아니다.

그렇다면 붓다가 우리에게 말씀하시는 세계는 어떤 세계일까?

『상윳따니까야』 2.26. 「로히따(Rohito)」를 살펴보자.

한쪽에 선 로히따싸(Rohitassa) 천자(天子)가 세존께 이렇게 말씀드렸습니다.

"세존이시여, 태어나지 않고, 늙지 않고, 죽지 않고, 옮아가지 않고, 다시 태어나지 않는 세간의 끝을 걸어가서 알고, 보고, 도달할 수 있을까요?"

"존자여, 태어나지 않고, 늙지 않고, 죽지 않고, 옮아가지 않고, 다시 태어나지 않는 세간의 끝을 걸어가서 알고, 보고, 도달할 수는 없다고 나는 말한다오."

"놀랍습니다. 세존이시여! 경이롭습니다. 세존이시여! 참으로 잘 말씀하셨습니다. 저는 옛날에 로히따싸라고 하는 선인(仙人)이었는데, 보자(Bhoja)의 아들로서 하늘을 걸어 다니는 신통력이 있었습니다. 세존이시여, 저는 훈련받아 능숙하게 숙련된 솜씨 좋은 궁사(弓師)가 쏜 화살처럼 날래고 빨랐습니다. 저는 한 발걸음에 동해(東海)에서 서해(西海)로 가로질러갔습니다. 세존이시여, 그때 저에게 '나는 걸어서 세간의 끝에 도달해야겠다'는 욕망이 생겼습니다. 세존이시여, 제가 이와 같은 빠르기를 가지고, 이와 같은 발걸음으로 음식을 먹고, 마시고, 대소변을 보고, 잠자고, 지칠 때를 제외하고, 100년을 살면서, 100살까지, 100년을 걸어갔지만, 세간의 끝에 도달하지 못하고 도중에 죽었습니다."

"존자여, 나는 세간의 끝에 가서 괴로움을 종식할 수 있다고 말하지 않는다오. 존자여, 그 대신 나는 의식이 있고, 생각이 있는 한길 몸속에 있는 세간과 세간의 집(集)과 세간의 멸(滅)과 세간의 멸에 이르는 길을 알려준다오."

걸어서는 결코
세간의 끝에 도달할 수 없지만,
세간의 끝에 도달하지 않으면
괴로움에서 벗어날 수 없다네.

그러므로 진실로 세간을 아는,

세간의 끝에 도달하여 범행(梵行)을 마친,

세간의 끝에서 평온을 얻은 현자(賢者)는

이 세간도, 저 세간도 바라지 않는다네.

인도의 윤회설은 해탈과 연결된다. 태어나서 늙고 죽는 삶은 괴롭다. 이러한 괴로운 삶이 반복되는 것이 윤회다. 그리고 태어나서 늙고 죽는 괴로운 삶의 반복을 멈추고, 다시는 태어나서 늙고 죽지 않는 것이 해탈이다. 그래서 고대 인도인들은 해탈을 인생의 가장 중요한 목표로 삼았다.

태어나서 늙고 죽는 것은 세간에서 벌어지는 일이다. 늙고 죽지 않으려면 늙고 죽음[老死]이 있는 세간을 벗어나서 늙고 죽음이 없는 다른 세계로 가야 한다. 『우파니샤드』에서는 그 세계를 브라만천[梵天]이라고 생각했다. 위에 인용한 경에서 로히따싸(Rohitassa) 천자(天子)가 '세간의 끝'이라고 말한 곳은 '세간을 벗어난 곳'을 의미한다. '세간의 끝'에 공간을 이동하여 도달하려 했던 로히따싸는 평생을 달려갔지만 성공하지 못한다. 이것은 당시의 『우파니샤드』의 세계관을 비판한 것이다. 저 먼 하늘세계에 브라만천이 있고, 그곳에 가면 늙고 죽는 일이 없다고 주장하는 『우파니샤드』에 대하여, 이 경은 로히따싸와 같이 빠른 선인(仙人)이 평생을 가도 도달할 수 없는 세간의 끝이 어디에 있을 수 있 겠는가라고 비판하고 있다.

그렇다면 '세간의 끝', 즉 태어나서 늙고 죽는 일이 없는 곳은 없는가? 붓다는 이 경에서 걸어서 도달할 수 있는 세 간의 끝은 없지만, 태어나서 늙고 죽는 괴로움이 없는 세간 의 끝은 있다고 말씀하신다. 그리고 세간은 '생각이 있는 한 길 몸속에 있다'라고 말씀하신다. 일반적으로 우리가 태어 나서 죽는 이 세상은 끝없이 펼쳐진 공간과 영원히 흐르는 시간 속에 있다고 생각한다. 로히따짜 천자가 평생을 걸어 서 도달하고자 했던 '세간의 끝'은 이렇게 공간과 시간 속에 존재하는 세계였다. 그런데 붓다는 '생각하며 살아가는 우 리의 몸속'에 세간이 있다고 말씀하신다. 붓다가 말씀하시 는 세간은 도대체 어떤 것일까?

이 세상에는 여러 가지 세계관이 있다. 창조주가 우주 를 창조하여 주재하다가 창조주의 뜻에 의해서 멸망하게 된다는 기독교적인 세계관도 있고, 빅뱅에 의해서 우주가 탄생했다고 하는 자연과학적 세계관도 있다. 그렇다면 불 교의 세계관은 어떤 것인가?

우리는 그 답을 『상윳따니까야』 1.70. 「세간(Loko)」에서 찾을 수 있다.

세간은 어디에서 생겼나요?

어디에서 교제(交際)를 하나요?

무엇이 세간을 붙들고 있나요?

세간은 어디에서 고난을 겪나요?

세간은 여섯에서 생겨났다네.

여섯에서 교제를 한다네.

여섯이 세간을 붙들고 있다네.

세간은 여섯에서 고난을 겪는다네.

이 경에서 이야기하는 '여섯'은 6입처(六入處)를 의미한다. 붓다가 말씀하시는 세간은 6입처에서 생긴 것이며, 6입처에 의해서 유지되는 것이다. 즉 붓다가 말씀하신 "의식이 있고, 생각이 있는 한 길 몸속"은 6입처인 것이다.

우리는 하나의 세계에 인간과 여러 중생들이 모여서 살고 있다고 생각한다. 그러나 붓다는 중생들이 같은 세계에 살고 있는 것이 아니라, 중생들 각자의 마음에서 연기(緣起)한 각기 다른 세계에 살고 있다는 것을 깨달았다. 이것이 붓다가 깨달은 연기법(緣起法)이다. 우리는 모든 생명이 같은 세계에 살고 있다고 생각하지만, 세계는 중생들의 마음에 따라 각기 다른 모습으로 나타난다. 물도 중생에 따라 다르게 보인다고 한다. 천상의 중생에게는 유리로 보이고, 물고기에게는 공기로 보이고, 아귀에게는 피고름으로 보인다고 한다.

우리는 소리로 사물의 형태를 볼 수 없다. 그러나 박쥐는 자신이 낸 초음파의 반향으로 사물을 인식한다고 한다. 우리는 빛으로 사물을 보지만, 박쥐는 소리로 사물을 보는 것이다. 최근의 연구에 의하면 지렁이처럼 생긴 어떤 선형(線形) 동물은 빛의 파장의 차이로 맛을 지각한다고 한다. 그렇다면 우리는 박쥐나 지렁이와 같은 세계에 살고 있다고 할 수 있을까?

붓다가 말씀하신 '의식이 있고, 생각이 있는 한길 몸속에 있는 세간'은 바로 이러한 세계를 의미한다. 인간은 '여섯 가지 지각구조를 지닌 몸'을 가지고 살아간다. 이것이 '의식이 있고, 생각이 있는 한길 몸'이다. 이 한길 몸을 가지고 살면서 인식한 것이 그 사람의 세계다. '세간은 여섯에서 생겼다'는 말씀은 세간은 지각구조에 의해서 형성된 것이라는 의미이며, '의식이 있고, 생각이 있는 한 길 몸속에 있는 세간'은 '여섯 가지 지각구조를 지닌 몸'을 가지고 살아가면서 형성된 세계를 의미한다. 「9. 모든 것은 삶에서 연기한다」에서 이야기했듯이, 붓다는 이런 의미에서 '일체(一切)는 12입처(十二入處)'라고, 즉 세간의 모든 것은 '12입처'에서 연기한 것이라고 말씀하신 것이다.

이러한 '12입처'를 일반적으로 6근(六根)과 6경(六境)으로 이해하고 있다. 그러나 이것은 매우 중대한 오해이다. '12입처'는 연기설(緣起說)의 출발점이다. 따라서 불교를 이해하는 출발점이 된다. 그런데 이것이 오해되고 있기 때문에 많은 사람들이 불교 이해에 어려움을 겪고 있다.

일체는
12입처다

11

어떤 사상이든 그 사상의 성격을 이해하는 데 핵심이 되는 개념이 있다. 그 개념이 오해되면 그 사상은 전체적으로 왜곡된다. 불교 사상도 마찬가지이다. 불교 사상을 바르게 이해하기 위해서는 불교 사상의 특징을 결정하는 핵심 개념의 의미를 정확하게 파악해야 한다.

붓다의 사상, 즉 근본불교 사상의 성격을 결정하는 핵심 개념은 무엇일까? 근본불교의 텍스트, 즉 『아함경』과 니까야(Nikāya)에는 '연기(緣起)', '5온(五蘊)', '12입처(十二入處)', '18계(十八界)', '공(空)', '법(法)' 등 불교 특유의 수많은 개념들이 있다. 이 개념들을 통해 붓다는 자신의 깨달음을 우리에게 보여주고 있다. 따라서 우리는 이 개념들의 의미를 정확하게 이해해야만 근본불교 사상을 바르게 이해할 수 있다. 그런데 이 개념들이 왜곡되어 있다. 그리고 이 왜곡은 '일체(一切; sabba, sk. sarva)'라는 개념의 오해에서 비롯된 것이다.

아비달마불교 이래로 현재에 이르기까지 '일체(一切)'는 '일체의 존재'를 의미하는 것으로 이해되고 있다. 불교사전들은 이러한 이해를 그대로 보여줄 뿐, '일체'에 대하여 특별한 의미를 부여하지 않고 있다. 예를 들면, 운허 용하의 『불교사전』에서는 '일체'에 대하여 "만물의 전체. 곧 온갖 것·모든 것·원통의 뜻. 2종이 있다. 사물의 전체를 말할 때의 일체(全分의 一切)와 제한된 범위의 전부를 말하는 일체(少分의 一切)"로 설명한다. 다른 사전들의 설명도 이와 크게 다르지 않다.

이러한 기존의 이해는 '일체'를 '일체법(一切法)'과 동일시한 아비달마불교의 견해를 답습한 것이다. 아비달마불교는 '일체'를 '일체법'과 동일시하고, '일체법'을 '일체유(一切有)'와 동일시하였다. 그 결과 불교의 핵심 개념인 '법(法; dhamma)'이 '존재'와 동일시되어, 아비달마불교는 붓다의 가르침을 크게 왜곡하였다. 그리고 그 왜곡은 지금까지 계속되고 있다.

『잡아함경(雜阿含經)』의 319경, 320경, 321경에서 붓다는 생문(生聞) 바라문이라는 우파니샤드 철학자와의 대화를 통해 '일체(一切)', '일체유(一切有)', '일체법(一切法)'이 각기 다른 의미라는 것을 보여주고 있다. 생문 바라문은 붓다에게 319경에서 "일체는 무엇인가?"를 묻고, 320경에서 "일체유는 무엇인가?"를 물은 다음, 321경에서는 "일체법은 무엇인가?"를 묻는다. 붓다는 이들 물음에 대하여 각기 다른 대답을 하고 있다. 붓다의 답변이 다르다는 것은 이들 개념의 의미가 다르다는 것을 의미한다. 따라서 이들 세 경의 분석을 통해 '일체'와 '일체유' 그리고 '일체법'의 의미의 차이를 살펴보기로 하자. 먼저 319경을 살펴보자

생문(生聞)이라는 바라문이 붓다에게 물었다.
"구담(瞿曇)이시여, 일체(一切)라고 할 때, (당신은) 어떤 것을 일체라고 이야기합니까?"
붓다가 바라문에게 말했다.
"나는 일체(一切)는 12입처(十二入處)라고 말한다. 안(眼)과 색(色), 이(耳)와 성(聲), 비(鼻)와 향(香), 설(舌)과 미(味), 신(身)과 촉(觸), 의(意)와 법(法), 이것을 일체라고 부른다. 만약 '이것은 일체가 아니다. 나는 사문 구담이 말한 일체를 버리고 다른 일체를 주장한다'고 한다면 그러한 주장은 단지 언설(言說)만 있을

뿐이어서, 의문이 있어도 알 수 없고 의혹만 늘어날
것이다. 왜냐하면 그 주장은 우리가 인식할 수 있는
것이 아니기 때문이다."[14]

붓다에게 질문하는 생문(生聞)은 우파니샤드를 공부한 바
라문이다. 따라서 이 대화는 우파니샤드 철학과의 관계 속
에서 고찰해야 한다. 생문 바라문이 질문한 '일체'의 의미는
『찬도그야 우파니샤드(Chandogya Upaniṣad)』에 나타난다.

> 실로 일체(一切; sarva)는 브라만(Brahman)이다. 모든
> 것은 브라만에서 생겨나, 브라만으로 돌아가며, 그
> 안에서 존속하고 있다.
> (sarvam khalv idaṁ brahma, tajjalān iti)[15]

여기에서 'sarva', 즉 '일체'는 단순히 '모든 것'을 의미하는
것이 아니라 '이 세상 모든 것의 근원'을 의미한다. 우파니
샤드에서는 브라만을 세계의 근원으로 보기 때문에 "일체

---

14   『雜阿含經』卷13(『대정장』2, p.91上下).

15   Radhakrishnan, *The Principal Upaniṣads*(London: George Allen & Unwin,
1968), p.391.

는 브라만"이라고 이야기한 것이다. 이와 같이 우파니샤드 철학에서 '일체'는 이 세상 모든 것의 근원이 되는 형이상학적 실체인 브라만을 의미한다.

생문 바라문은 우파니샤드 철학자로서 붓다에게 세상 모든 것의 근원이 되고, 궁극적으로 모든 것의 귀착점이 되는 '일체', 즉 우파니샤드 철학의 브라만과 같은 존재에 대하여 물은 것이다. 이에 대한 붓다의 대답이 12입처이다. 따라서 "일체는 12입처"라는 붓다의 대답은 '세상의 모든 존재는 12입처에서 비롯된다'는 것을 의미한다.

'입처(入處)'는 범어 'āyatana'의 한역(漢譯)이다.[16] 붓다는 안(眼)·이(耳)·비(鼻)·설(舌)·신(身)·의(意)와 그것들의 지각 대상을 'āyatana'라고 불렀을까? 『찬도그야 우파니샤드』에서는 숨(prāna), 눈(眼; cakṣu), 귀(耳; śrotra), 마음(manas)을 브라만이 머무는 자리(āyatana)의 이름이라고 한다.[17] 호흡할

---

16 'āyatana'는 '도달하다, 들어가다, 거주하다'의 의미를 지닌 동사 'ayati' 에서 파생된 중성 추상명사로서 '들어가서 머물고 있는 곳'의 의미이며, '자리, 장소, 집, 거처'의 의미를 지닌다. 한역(漢譯)에서는 입처(入處) 이 외에도 입(入), 처(處) 등으로 번역되는데, 모두가 원어의 의미에 충실한 번역이다.

17 Radhakrishnan, 앞의 책, p.411. "prāṇaḥ kalaḥ, cākṣu kalaḥ, śrotraṁ kalaḥ, manaḥ kala, eṣa vai, saumya, catuṣ-kalaḥ pādo brahmaṇa āyatanavān nāma."

때는 브라만이 호흡에 머물고, 볼 때는 눈에 머물고, 들을 때는 귀에 머물며, 생각할 때는 마음에 머물기 때문에 숨, 눈, 귀, 마음을 'āyatana'라고 부른다는 것이다. 이와 같이 우파니샤드에서 'āyatana'는 우리가 살아가면서 지각하고, 인식할 때, 그 활동의 주체로서 궁극적 실체인 브라만, 즉 우리의 참된 자아가 머무는 장소를 의미한다.

붓다가 안·이·비·설·신·의와 그것들의 지각 대상인 색(色)·성(聲)·향(香)·미(味)·촉(觸)·법(法)을 'āyatana'라고 부른 것도 그런 의미에서일 것이다. 우파니샤드뿐만이 아니라, 중생들은 우리의 지각활동을 감각기관 속에 들어 있는 자아의 활동으로 생각한다. 눈이 보는 것이 아니라, 몸속에 머물고 있는 자아가 눈을 통해서 밖의 사물을 본다고 생각하는 것이다. 이렇게 되면, 보는 눈 속에는 자아라는 실체가 머물고 있고, 보이는 사물 속에는 보이는 것의 실체가 머물고 있는 셈이다. 즉 지각활동을 하는 감각기관 속에는 감각활동의 주체인 자아가 들어 있고, 지각되는 대상 속에는 지각되는 실체가 들어 있다고 생각하는 것이다. 바꾸어 말하면, 우리의 감각기관[眼·耳·鼻·舌·身·意]과 지각되는 대상[色·聲·香·味·觸·法]을 실체가 머물고 있는 장소라고 생각하는 것이다. 예를 들어, 우리는 꽃을 보면, 보는 '나'는 몸속에서 눈을 통해 색을 보고, 코를 통해 냄새를 맡고, 피부를 통해 만진다고 생각한다. 이것이 6내입처(六內入處, 眼·耳·鼻·舌·身·意)이다. 그리고 보이는 색, 맡아지는 향기, 만져지는 촉감 등은 그 속에 들어 있는 실체로부터 나오는 것들이라고 생각한다. 이것이 6외입처(六外入處, 色·聲·香·味·觸·法)이다. 중생들은 인식하는 감각기관과 인식되는 대상 속에 어떤 실체가 머물고 있다고 생각하고 살아가는데, 중생들의 세계는 이러한 생각에서 비롯된다는 것이 붓다의 답변인 것이다. 붓다는 이러한 중생들의 생각을 12입처라고 부른 것이다.

　　모든 존재의 근원을 물었던 생문 바라문에게 붓다의 답변은 새로운 의문을 불러일으킨다. 붓다는 무엇을 존재라고 생각하기에 12입처를 모든 존재[一切有]의 근원이라고 이야기하는 것일까? 그리고 12입처에서 생긴 존재는 구체적으로 어떤 것일까? 320경은 이러한 의문에 대한 질의응답이다.

　　"구담이시여, 당신이 '모든 존재[一切有]'라고 할 때, '모든 존재[一切有]'는 어떤 것인가요?"
　　붓다가 생문 바라문에게 말했다.
　　"내가 이제 그대에게 묻겠으니 그대의 생각대로 나에게 대답하라. 바라문이여, 어떻게 생각하는가? 안(眼)은 있는가, 없는가?"

(바라문이) 대답했다. "사문 구담이시여, 그것은 있습니다."

"색(色)은 있는가, 없는가?"

(바라문이) 대답했다. "사문 구담이시여, 그것은 있습니다."

"바라문이여, 색(色)이 있고, 안식(眼識)이 있고, 안촉(眼觸)을 인연으로 생긴 괴롭거나, 즐겁거나, 괴롭지도 즐겁지도 않은 느낌[受]은 있는가, 없는가?"

(바라문이) 대답했다. "사문 구담이시여, 그것은 있습니다."[18]

320경의 질문의 요지는 "12입처라는 근원에서 생긴 모든 존재들은 구체적으로 어떤 것인가?"이다. 예를 들면, 우파니샤드 철학에서 브라만에서 불이 나오고, 불에서 물이 나오고, 물에서 영양분이 나와서 세계를 구성한다고 이야기하듯이, 12입처에서 나와서 세계를 구성하고 있는 존재[有]들은 어떤 것들인가를 물은 것이다.

존재[有]를 지칭하는 것은 문법적으로 명사(名詞)다. 따

---

18   『雜阿含經』卷 13(『대정장』2, 91중).

라서 생문 바라문은 명사를 답변으로 기대했을 것이다. 그러나 붓다는 명사로 대답하지 않고 바라문에게 반문한다. 붓다는 "보는 것[眼]이 있느냐, 없느냐? 보이는 것[色]이 있느냐, 없느냐?"라고 반문하여 "있다."라는 답을 유도한다.

붓다의 반문은 불교의 존재론적 입장을 보여준다. 기존의 존재론은 이 세계를 구성하고 있는 실체(實體), 즉 존재를 문제 삼았다. 끊임없이 변화하는 다양한 형상계의 배후에 변함없이 존재하는 궁극적 실체는 무엇인가? 이 물음에 대한 답으로 우파니샤드 철학에서는 브라만을 주장했고, 유물론자들은 4대(四大)를 주장했다. 이렇게 어떤 실체를 기대했던 생문 바라문에게 붓다는 반문을 통해 '있음'의 문제를 반성하도록 한다.

붓다는 반문을 통해 객관적 실체로서의 존재를 부정하고, "존재란 우리가 '있다'고 지각한 것"임을 깨닫도록 하고 있다. 붓다는 인식되는 대상을 외부에 실재하는 존재라고 보지 않았다. 왜냐하면 우리에게 인식되는 대상은 그 자체로서 실재하는 실체가 아니라 우리의 지각에 의지하여 나타난, 즉 연기(緣起)한 것이기 때문이다. 붓다에 의하면, 우리에게 '있다'고 생각되는 모든 것은 12입처에서 연기한 것이다. 이것이 '일체는 12입처'라는 말씀의 의미다.

12입처의
의미

12

12입처(十二入處)는 안(眼)·이(耳)·비(鼻)·설(舌)·신(身)·의 (意) 내6입처(內六入處)와 색(色)·성(聲)·향(香)·미(味)·촉 (觸)·법(法) 외6입처(外六入處)를 일컫는 말이다. 그런데 12 입처를 아비달마불교에서는 우리의 지각기관인 6근(六根) 과 지각대상인 6경(六境)을 의미한다고 생각했다. 그리고 6근은 우리의 몸을 구성하는 감각기관으로 생각했다. 안· 이·비·설·신은 우리의 얼굴에 붙어 있는 눈, 귀, 코, 혀, 몸을 의미하고, 의(意)는 몸속에 들어 있는 마음을 의미한다고 생 각한 것이다. 그래서 6입처(六入處)의 안·이·비·설·신은 물 질을 의미하는 색법(色法)에 속한다고 생각하고, 의는 마음 을 의미하는 심법(心法)에 속한다고 생각했다.

그러나 이것은 6근과 6입처에 대한 바른 이해가 아니다. 먼저 6근의 의미를 살펴보자. 『브리하드아란야까 우파니샤드(Bṛhadāraṇyaka Upaniṣad)』에 다음과 같은 말이 있다.

> 그(아트만: Ātman)가 전모를 드러내지 않으므로 그를 사람들은 보지 못한다. 숨 쉴 때 그는 '숨(prāṇa)'이라고 불리고, 말할 때 '목소리(vāk)'라고 불리고, 볼 때 '눈(眼; cakṣu)'이라고 불리고, 들을 때 '귀(耳; śrotram)'라고 불리고, 생각할 때 '마음(意; mana)'이라고 불린다. 이름(nāma)은 단지 그의 행위의 이름일 뿐이다.[19]

우파니샤드 철학에서 안(眼; cakṣu)은 감각기관이 아니라, 아트만(Ātman)의 지각활동에 대한 이름이다. '아트만'이 볼 때, '아트만의 보는 활동'을 안(眼; cakṣu)이라고 부른다. 이와 같이 안·이·비·설·신·의는 감각기관이 아니라 지각활동을 의미한다.

　『찬도그야 우파니샤드(Chandogya Upaniṣad)』에서는 지각

19　Radhakrishnan, *The Principal Upaniṣads*, George Allen & Unwin Ltd(London 1953), p. 166.

활동 속에 브라만(Brahman)이 머물고 있다고 이야기한다.

"내가 브라만(Brahman)의 네 번째 부분들을 알려주
겠다."
"말씀해주십시오."
물새가 사뜨야까마에게 말했다.
"총명한 소년아, '숨(prāṇa)', '눈[眼; cakṣu]', '귀[耳;
śrotram]' 그리고 '마음[意; mana]'이 그 네 번째 부분이
다. 이들은 브라만이 머무는 자리(āyatana)의 이름이
다."[20]

이와 같이 붓다 당시의 우파니샤드 철학에서는 안·이·비·
설·신·의가 지각활동을 의미했으며, 지각활동 속에는 자아
(自我)가 머물고 있다고 생각했다. 다시 말해서 안·이·비·설
·신·의는 브라만이 머물면서 활동하는 지각활동을 의미했
다. 여기에서 주목되는 것이 '머무는 자리(āyatana)'라는 말이
다. 12입처와 6입처의 '입처(入處)'는 'āyatana'의 한역(漢譯)
이다. 따라서 6입처는 '브라만이 머무는 여섯 가지 장소'를

---

20 위의 책, p. 411.

의미하고, 12입처는 '브라만이 머무는 열두 가지 장소'를 의미한다.

안·이·비·설·신·의와 색·성·향·미·촉·법이 브라만이 머무는 장소라는 것은 무슨 의미일까? 『찬도그야 우파니샤드』에서는 다음과 같이 이야기한다.

> 그 신(브라만)은 '이제 이 세 가지 신들 속에 살아 있는 아트만으로 들어가 여러 가지 이름과 형태(nāma-rūpa)로 나뉘리라'라고 생각했다.[21]

태초에 브라만에서 불[火]과 물[水]과 영양분이 차례로 나왔는데, 브라만이 이들 셋 속에 들어가서 이들의 아트만이 되었으며, 그 후에 여러 가지 이름과 형태로 나타나게 되었다는 것이다. 따라서 우리가 보는 모든 이름과 형태를 지닌 사물 속에는 아트만으로 변한 브라만이 들어 있다는 것이다.

붓다가 말씀하신 6입처와 12입처는 이와 같이 우리의 지각활동에는 그 속에 머물고 있는 정신적 실체가 있고, 지각되는 대상 속에도 그 대상의 실체가 들어 있다고 생각하

---

21   위의 책, p. 450.

는 당시 사람들의 생각을 이야기한 것이다. 그리고 이러한 생각은 현대인들도 별반 다름이 없다. 몸속에는 자아가 있으며, 그 자아가 볼 때는 눈을 통해서 보고, 들을 때는 귀를 통해서 듣는다고 생각하는 것이 12입처인 것이다.

우리는 안·이·비·설·신·의, 내6입처를 주관(主觀)이라고 하고, 색·성·향·미·촉·법, 외6입처를 객관이라고 하며, 이러한 주관과 객관은 각각 독립된 실체라고 생각한다. 우리의 인식활동은 이러한 생각에 기초하여 이루어진다. 우리는 우리의 몸속에 지각하는 주관으로서의 의식이 있고, 그 의식이 이름과 형태를 지닌 외부의 사물을 지각한다고 생각하며 외부의 사물을 인식하고 있는 것이다.

이와 같이 우리의 몸속에 대상을 인식하는 의식이 있다고 생각하기 때문에 우리가 죽으면 이 의식이 윤회할 것이라는 생각을 하게 된다. 『맛지마니까야』 38. 「갈망하는 마음[愛]의 소멸 큰 경(Mahātaṇhāsaṅkhaya-sutta)」에서 붓다는 이러한 생각을 가진 비구에게 다음과 같이 말씀하신다.

"사띠여, 그대는 사악한 사견을 일으켜, '나는 세존께서 다른 것이 아니라, 이 분별하는 마음[識]이 유전(流轉)하고, 윤회(輪廻)한다고 설법한 것으로 알고 있다'라고 했다는데, 사실인가?"

"사실입니다. 세존이시여! 저는 확실히 세존께서 '다른 것이 아니라, 이 분별하는 마음이 유전하고, 윤회한다'라고 가르쳤다고 알고 있습니다."

"사띠여, 그 분별하는 마음은 어떤 것인가?"

"세존이시여, 이것은 말하고, 경험하는 것으로서, 여기저기에서 선하고 악한 업의 과보(果報)를 받습니다."

"어리석은 사람아, 누구에게 내가 그런 가르침을 가르쳤다고 그대는 알고 있는가? 어리석은 사람아, 내가 여러 가지 방법으로, 갖가지 비유를 들어서 조건에 의지하여 함께 일어난[緣起한] 분별하는 마음에 대하여 이야기하면서, '조건[緣]이 없으면 분별하는 마음은 생기지 않는다'라고 하지 않았던가? 어리석은 사람아, 그런데 그대는 자신이 잘못 파악한 견해로 우리를 중상하고, 자신을 해치고, 많은 죄를 짓는구나. 어리석은 사람아, 그것은 그대에게 오랜 세월 동안 무익한 괴로움이 될 것이다."

(……)

"비구들이여, 어떤 조건[緣]에 의지하여 분별하는 마음[識]이 생기면, 그것에 의하여 그것으로 명칭을 붙인다오. 시각활동[眼]과 형색[色]들에 의지하여 분별하는 마음이 생기면, 시각의식[眼識]이라는 명칭을 붙이고, 청각활동[耳]과 소리들[聲]에 의지하여 분별하는 마음이 생기면, 청각의식[耳識]이라는 명칭을 붙이고, 후각활동[鼻]과 냄새들[香]에 의지하여 분별하는 마음이 생기면, 후각의식[鼻識]이라는 명칭을 붙이고, 미각활동[舌]과 맛들[味]에 의지하여 분별하는 마음이 생기면, 미각의식[舌識]이라는 명칭을 붙이고, 촉각활동[身]과 촉감들[觸]에 의지하여 분별하는 마음이 생기면, 촉각의식[身識]이라는 명칭을 붙이고, 마음[意]과 법(法)들에 의지하여 분별하는 마음이 생기면, 의식(意識)이라는 명칭을 붙인다오. 비구들이여, 비유하면, 어떤 조건[緣]에 의지하여 불이 타면, 그것에 의하여 그것으로 명칭을 붙이는 것과 같다오. 장작에 의지하여 불이 타면 장작불이라는 명칭을 붙이고, 장작개비에 의지하여 불이 타면 장작개비불이라는 명칭을 붙이고, 건초에 의지하여 불이 타면 건초불이라는 명칭을 붙이고, 쇠똥에 의지하여 불이 타면 쇠똥불이라는 명칭을 붙이고, 왕겨에 의지하여 불이 타면 왕겨불이라는 명칭을 붙이고, 쓰레기에 의지하여 불이 타면 쓰레기불이라는 명칭을 붙이는 것과 같다오. 비구들이여, 이와 같이 어떤 조건에 의지하여 분별하는 마음이 생기면, 그 조건에 의하여 그것으로 명칭을 붙인다오."

이와 같이 붓다는 우리의 몸속에 있는 의식이 대상을 지각하는 것이 아니라, 지각활동을 통해서 여섯 가지 지각의식이 발생한다고 이야기한다. 그런데 이런 사실을 알지 못하는 어리석은 범부들은 의식이 발생하면 몸 안에 있는 의식이 외부의 대상을 인식한다고 생각한다는 것이다. 『잡아함경』(294)에서는 이러한 우리의 생각이 무명(無明)에서 비롯된 것이라고 이야기한다.

> 어리석고 배우지 못한 범부들은 무명에 가리고 애욕에 묶여서 이 식신(識身)을 얻으면, '몸 안에는 식신이 있고, 몸 밖에는 이름과 형태를 지닌 대상[名色]이 있다'고 분별한다.
>
> (愚癡無聞凡夫 無明覆 愛緣繫 得此識身 內有此識身 外有名色)

우리의 몸 안에는 대상을 인식하는 주관으로서의 의식이 실재하지 않으며, 몸 밖에는 이름과 형태를 지닌 객관으로서의 대상이 실재하지 않는다. 의식은 몸 안에 존재하는 것이 아니라, 조건이 있으면 생기고 조건이 없으면 사라지는 연기하는 것이다. 그럼에도 불구하고 몸 안에는 대상을 인식하는 의식(意識)이 있고, 몸 밖에는 이름과 형태로 인식되는 대상이 있다고 생각하는 것은 무명에 가리고 애욕에 묶여서 살아가기 때문이다. 그리고 이러한 중생들의 생각을 붓다는 12입처라고 말씀하셨으며, 중생들의 세계는 무명에 가리고 애욕에 묶인 망상에서 비롯된다는 의미에서 '일체(一切)는 12입처(十二入處)다'라고 말씀하신 것이다.

업보는 있으나
작자는 없다

13

'있다[有]'는 판단과 '없다[無]'는 판단의 근거는 무엇인가? 눈으로 보아서 보이면 '있다'고 판단하고, 보이지 않으면 '없다'고 판단한다. 유무판단(有無判斷)의 유일한 근거는 우리의 지각활동이다. 우리는 지각활동을 통해 보는 자[眼]와 보이는 대상[色]이 '있다'고 판단한다. 중생들이 '있다'고 판단하는 모든 것은 이 두 가지 '있음'에 근거하고 있다. 『잡아함경』(306)에서는 다음과 같이 이야기한다.

두 법[二法]이 있다. 그 둘은 어떤 것들인가? 안(眼)과 색(色)이 그 둘이다. (……) 안(眼)과 색(色)을 연하여 안식(眼識)이 발생한다. 이들 셋이 화합하는 것이 촉

(觸)이다. 촉에서 수(受), 상(想), 사(思)가 함께 생긴다.

붓다가 "일체(一切)는 12입처(十二入處)다."라고 말씀하신 것은 우리가 인식하는 모든 존재가 지각활동에 근거를 두고 있음을 이야기한 것이다. '있다'는 것은 지각활동을 통해 나타나는 현상의 '있음'이다. 따라서 지각활동이 없으면 '있다'고 판단할 근거가 없다. 무엇이 외부에 실재하고, 그 실재하는 존재에 대하여 인식을 하는 것이 아니라, 보기 때문에 보이고, 그 보이는 것에 대하여 인식하는 것이다. 그리고 그 인식을 바탕으로 고락(苦樂)의 감정도 생긴다.

'일체는 12입처'라는 말은 이것을 의미한다. 우리가 '있다'고 판단하는 모든 것은 12입처의 '있음'에 근거한다는 것이다. 그렇다면 '있음'은 무엇인가? 12입처의 '있음', 다시 말해서 보는 자[眼]와 보이는 것[色]의 '있음'이 모든 '있음'의 근거라면, 12입처는 실제로 존재하는 모든 존재의 근본이 되는 실체인가? 전술한 바와 같이, 안(眼; cakṣu)은 우리의 신체를 구성하고 있는 감각기관을 의미하는 것이 아니라 지각활동을 의미한다.

'있음'은 명사로 표현되지만, 본질은 동사적이다. 예를 들어 "비가 내린다."라는 말을 살펴보자. 이 말은 '비라는 존재가 떨어져 내리는 일을 하고 있다'는 말이다. 그리고 명사로 표현되는 '비'라는 존재는 내린다는 일을 하기 이전에 그 일과 무관하게 존재한다는 말이다. 그러나 비는 내리지 않으면 존재하지 않는다. 존재하는 비가 내리는 것이 아니라, 물방울이 떨어져 내리는 것을 우리가 지각하여 '비'라고 명명(命名)함으로써 '비'는 '존재/있음'이 되는 것이다. 만약 물방울이 떨어져 내리는 현상에 '비'라는 이름을 붙이지 않았다면, 이 세상에 명사로 표현되는 '비'는 존재하지 않을 것이다. '비'의 '있음'은 이렇게, 어떤 사물의 존재에 기인하는 것이 아니라, 지각된 사건(물방울이 떨어지는 사건)에 우리가 붙인 이름/명사에 기인한다. 따라서 명사로 표현되는 '비'의 본성은 '떨어져 내리는 일', 즉 동사적이며, 명사는 우리가 조작한 개념일 뿐이다. 우리는 비라는 존재를 보는 것이 아니라, 물방울이 떨어져 내리는 일을 볼 뿐이다. 진정으로 존재하는 것은 비라는 존재가 아니라 물방울이 떨어져 내리는 일이다.

주어인 '비'는 술어인 동사를 떠나서는 존재하지 않는다. 그런데 주어와 동사로 표현되는 우리의 언어적 표현은 주어와 술어를 개별적인 존재와 현상으로 분리시킨다. 우리는 이러한 언어적 관습에 젖어 비판 없이 언어를 사용한다. 그렇다고 해서 관습적인 언어를 사용하지 않을 수는 없다. 하늘에서 떨어지는 물방울과 수도꼭지에서 떨어지는 물방울은 분명히 다르다. 이 차이를 구분하기 위해서는 명사가 필요하다. 따라서 명사를 사용하되, 그 명사에 동사적 의미를 부여하여 사용하는, 주어와 술어가 분리되지 않는 새로운 문법이 필요하다.

붓다는 '있음/존재'를 표현할 때 'bhāva(有)'라는 개념을 사용하지 않고 'dhamma(sk. dharma; 法)'라는 개념을 사용한다.22 범어 'dharma'는 '지탱하다, 유지하다(to uphold)'라는 의미의 동사어근 'dhṛ'에서 파생된 명사이다. 붓다는 왜 '있다(to be)'는 의미의 동사어근 'bhū'에서 파생된 '있음'을 표현하는 일반적인 개념인 'bhāva(有)'나 'atthitā(有)'를 사용하지 않고 'dharma(法)'를 사용했을까? 전술한 바와 같이 "있다."는 판단은, 외부의 존재에 대한 판단이 아니라, 12입처에서 연기한 것에 대한 판단이다. 따라서 인식과 무관하게 실재하는 것을 의미하는 'bhāva(有)'나 'atthitā(有)'는 "있다."는 판단의 대상에 대한 적절한 지칭이 될 수 없다.

---

22 'dharma(法)'는 불교에서 다양한 의미로 사용되는데, 크게 분류하면, 첫째, 존재론적인 의미, 특히 인식 대상의 의미로 사용되고, 둘째, 붓다의 가르침, 즉 붓다가 깨우친 진리를 의미하며, 셋째, 도덕적인 계율을 의미한다. 도덕적인 계율이나 진리를 'dharma(法)'라고 한 것은 불교만은 아니다. 그러나 당시의 사상가 가운데 'dharma(法)'를 인식 대상의 의미로 사용한 사람은 붓다밖에 없다.

그렇다면 왜 'dharma'를 사용했을까? 'dharma'는 동일한 조건에서는 동일한 현상을 일으키고 유지시키는 법칙을 의미한다. 조건에 의지하여 연기하는 존재들은 이러한 법칙이 실현된 것이다. 따라서 'dharma'라는 단어는 실체나 본질을 나타내는 것이 아니라 질서정연하게 유지되는 과정 그 자체, 즉 사물들이 작용하는 방식을 나타낸다. 이 세상이 유지되고, 모든 사물이 유지되는 것은 질서정연한 과정을 통해서이다. 예를 들어, 산소와 탄소가 결합하면 연소하면서 불이 나타나며, 그 과정이 계속되면 불이 타는 현상은 계속 유지된다. 이렇게 어떤 과정이 질서정연하게 유지될 때 우리는 그것의 '있음'을 지각한다. 모든 '있음'은 이렇게 질서정연한 과정이 유지되고 있는 동사적 현상이다. 붓다는 '있음'이 나타나고 유지되는 질서정연한 과정을 '연기(緣起)'라고 불렀으며, 연기한 것을 'dharma(法)'라고 불렀다. 따라서 'dharma(法)'는 문법적으로는 명사이지만 의미는 동사적이다.

이러한 'dharma(法)'의 동사적 구조를 표현한 개념이 '공(空: suñña)'이다. 『잡아함경』의 335경(第一義空經)에서는 '공'의 의미를 다음과 같이 이야기한다.

비구들이여, 안(眼)은 생길 때 오는 곳이 없고, 사라질 때 가는 곳이 없다. 이와 같이 안(眼)은 부실하게 생기며, 생기면 남음 없이 사라지나니, 업보(業報)는 있으나 작자(作者)는 없다.

(眼生時無有來處 滅時無有去處 如是眼不實而生 生已盡滅 有業報而無作者)

이 경에서는 중생들의 '있음'의 근거가 되는 안(眼)에 대하여 그 실상이 공(空)이라는 것을 이야기하고 있다. 우리는 사물을 보면서, '보는 자[眼]'와 '보이는 것[色]'이 '있다'고 생각한다. 그 '보는 자'는 어디에 있는가? 보는 자는 볼 때는 분명히 눈 속에 있는 것처럼 생각된다. 그런데 보지 않을 때는 어디에 있었던 것일까? 그리고 본 다음에는 어디로 가는 것일까? 이 경에서는 보는 자[眼]에 대하여 오는 곳도 없고, 가는 곳도 없는 허망한 것이라고 이야기한다. 보는 자는 보는 행위의 작자(作者)가 아니라 보는 행위의 결과, 즉 업보 (業報)라는 것이다.

우리는 몸속에 있는 마음이 눈이나 귀를 통해서 외부의 공간 속에 일정한 시간 동안 머물고 있는 대상, 즉 형색[色]이나 소리[聲]를 보거나 듣는다고 생각한다. 그러나 이러한 우리의 생각은 착각이다. 『잡아함경』(294)에서는 다음과 같이 이야기한다.

어리석고 배우지 못한 범부는 무명(無明)에 가리고 애욕에 묶여서 분별하는 마음[識]이 생기면, '안에는 분별하는 마음[識]이 있고, 밖에는 이름과 형태를 지닌 대상[名色]이 있다'라고 분별한다.

(愚癡無聞凡夫無明覆 愛緣繫得此識身 內有此識身 外有名色)

우리가 몸 안에 있는 마음, 즉 식(識)으로 이름과 형태를 지닌 대상[名色]이 외부에 있다고 인식하는 것은 어리석은 상태에서 갈망하는 마음에 묶여서 일으킨 망상(妄想)이라는 것이다. 그렇다면, 대상을 분별하여 인식하는 마음, 즉 식(識)은 무엇인가? 『맛지마니까야』 38. 「갈망하는 마음의 소멸 큰 경(Mahātaṇhāsaṅkhaya-sutta)」에서는 다음과 같이 이야기한다.

"비구들이여, 어떤 조건[緣]에 의지하여 분별하는 마음[識]이 생기면, 그것에 의하여 그것으로 명칭을 붙인다오. 시각활동[眼]과 형색[色]들에 의지하여 분별하는 마음이 생기면 시각의식(眼識; cakkhuviññāṇa)이라는 명칭을 붙이고, 청각활동[耳]과 소리들[聲]에 의지하여 분별하는 마음이 생기면 청각의식[耳識]이라는 명칭을 붙이고, 후각활동[鼻]과 냄새들[香]에

의지하여 분별하는 마음이 생기면 후각의식[鼻識]이
라는 명칭을 붙이고, 미각활동[舌]과 맛들[味]에 의
지하여 분별하는 마음이 생기면 미각의식[舌識]이라
는 명칭을 붙이고, 촉각활동[身]과 촉감들[觸]에 의
지하여 분별하는 마음이 생기면 촉각의식[身識]이라
는 명칭을 붙이고, 마음[意]과 법[法]들에 의지하여
분별하는 마음이 생기면 의식(意識)이라는 명칭을
붙인다오."

대상을 분별하여 인식하는 마음은 지각활동을 통해서 연기
(緣起)한 것이지, 몸속에 존재하는 실체가 아니라는 것이다.
우리의 마음은 지각활동을 통해서 그 결과로 나타나는 업
보(業報)에 대한 명칭일 뿐, 외부의 대상을 인식하는 작자(作
者)가 아니라는 말씀이다. 중국 선종의 3조 승찬(僧璨) 선사
는 『신심명(信心銘)』에서 다음과 같이 말한다.

밖에 있는 인연을 좇지도 말고
안에 있는 허망한 것 속에 머물지도 마라.
안과 밖이 하나가 되어 평안한 마음을 지니면
밖의 인연과 안의 망상이 저절로 사라지리라.

(莫逐有緣 勿住空忍 一種平懷 泯然自盡)

보이는 대상(對象)은 보는 주관(主觀)으로 말미암아
보이고
보는 주관(主觀)은 보이는 대상(對象)으로 말미암아
보나니
보이는 대상과 보는 주관을 알고 싶다면
원래 이들이 하나이며 공(空)임을 알라.

(境由能境 能由境能 欲知兩段 原是一空)

밖에 있는 인연이란 이름과 형태, 즉 명색(名色)으로 분별
되는 대상이고, 안에 있는 허망한 것은 대상을 분별하는 식
(識)이다. 주관과 객관은 삶을 통해 연기한 것이므로 본래
둘이 아니다. 그러므로 망상을 일으켜서 주관과 객관을 분
별하지 말고, '업보는 있으나 작자는 없다'는 공(空)의 도리
에 따라 자타(自他)의 분별없이 살라는 것이 붓다와 조사(祖
師)들의 한결같은 말씀이다.

12연기와
4성제

14

붓다는 괴로움을 떠나 지고한 행복에 이르는 길을 깨달아 우리에게 가르치셨다. 붓다가 가르치신 진리는 12연기와 4성제이다. 『상윳따니까야』 12.65. 「성(Nagaram)」에서는 붓다가 깨달음을 성취하신 과정을 다음과 같이 이야기하고 있다.

"비구들이여, 과거에 내가 정각을 성취하지 못한 보살이었을 때 이렇게 생각했다.
'실로 이 세간은 고난에 빠져 있다. (이 세간은) 태어나고, 늙어지고, 죽고, 쇠락하고, 다시 태어나고 있지만, 늙고 죽는 괴로움에서 벗어나는 길을 모르고 있다. 실로 언제쯤이나 늙고 죽는 괴로움에서 벗어나

는 길을 알게 될까?'

비구들이여, 그때 나에게 이런 생각이 들었다.

'그러면, 무엇이 있기에 늙고 죽음[老死]이 있는 것일
까? 늙고 죽음은 무엇에 의존하는 것일까?'

비구들이여, 그때 나에게 반야에 의해 이치에 합당
한 분명한 이해가 생겼다.

'태어남[生]이 있는 곳에 늙고 죽음이 있다. 늙고 죽
음은 태어남에 의존한다.'

비구들이여, 그때 나에게 이런 생각이 들었다.

'그러면, 무엇이 있기에 태어남이 있는 것일까?'
(……) '(……) 유(有)가 있는 것일까?' (……) '(……) 취
(取)가 있는 것일까?' (……) '(……) 애(愛)가 있는 것일
까?' (……) '(……) 수(受)가 있는 것일까?' (……) '(……)
촉(觸)이 있는 것일까?' (……) '(……) 6입(六入)이 있는
것일까?' (……) '(……) 명색(名色)이 있는 것일까? 명
색은 무엇에 의존하는 것일까?'

비구들이여, 그때 나에게 반야에 의해 이치에 합당
한 분명한 이해가 생겼다.

'식(識)이 있는 곳에 명색(名色)이 있다. 명색은 식에
의존한다.'

비구들이여, 그때 나에게 이런 생각이 들었다.

'그러면, 무엇이 있기에 식이 있는 것일까? 식은 무엇에 의존하는 것일까?'

비구들이여, 그때 나에게 반야에 의해 이치에 합당한 분명한 이해가 생겼다.

'명색이 있는 곳에 식이 있다. 식은 명색에 의존한다.'

비구들이여, 그때 나에게 이런 생각이 들었다.

'그런데 이 식은 명색으로 되돌아가 그 이상 가지 못한다.'

'이제까지 늙게 되거나, 태어나게 되거나, 죽게 되거나, 쇠락하게 되거나, 다시 태어나게 된 것이 있다면 그것은 명색에 의존하고 있는 이 식이다. 식을 의지하여 명색이 있고, 명색을 의지하여 6입(六入)이 있으며, 6입을 의지하여 촉(觸)이 있고 (……) 이와 같이 오로지 괴로움인 온(蘊)의 집(集)이 있다.'

'집(集)이다! 집(集)이다!' 비구들이여 나에게 이와 같이 이전에 들어본 적이 없는 법(法)에 대한 안목이 생기고, 지식이 생기고, 지혜가 생기고, 광명이 생기고, 통찰이 생겼다.

비구들이여, 그때 나에게 이런 생각이 들었다.

'무엇이 없으면 늙고 죽음이 없을까? 무엇이 소멸하

면 늙고 죽음이 소멸할까?'

비구들이여, 그때 나에게 반야에 의해 이치에 합당한 분명한 이해가 생겼다.

'태어남이 없으면 늙고 죽음이 없다. 태어남이 소멸하면 늙고 죽음이 소멸한다.'

비구들이여, 그때 나에게 이런 생각이 들었다.

'무엇이 없으면 태어남이 없을까? (……) 유(有)가 없을까? (……) 취(取)가 없을까? (……) 애(愛)가 없을까? (……) 수(受)가 없을까? (……) 촉(觸)이 없을까? (……) 6입(六入)이 없을까? (……) 명색(名色)이 없을까? 무엇이 소멸하면 명색이 소멸할까?'

비구들이여, 그때 나에게 반야에 의해 이치에 합당한 분명한 이해가 생겼다.

'식이 없으면 명색이 없다. 식이 소멸하면 명색이 소멸한다.'

비구들이여, 그때 나에게 이런 생각이 들었다.

'무엇이 없으면 식이 없을까? 무엇이 소멸하면 식이 소멸할까?'

비구들이여, 그때 나에게 반야에 의해 이치에 합당한 분명한 이해가 생겼다.

'명색이 없으면 식이 없다. 명색이 소멸하면 식이 소

멸한다.'

비구들이여, 그때 나에게 이런 생각이 들었다.

'참으로 나는 깨달음의 길을 성취했다. 그것은 명색이 소멸하면 식이 소멸하고, 식이 소멸하면 명색이 소멸하며, 명색이 소멸하면 6입이 소멸하고, 6입이 소멸하면 촉이 소멸하며, (……) 이와 같이 오로지 괴로움인 온의 멸(滅)이 있다는 것이다.'

'멸(滅)이다! 멸이다!' 비구들이여 나에게 이와 같이 이전에 들어본 적이 없는 법(法)에 대한 안목이 생기고, 지식이 생기고, 지혜가 생기고, 광명이 생기고, 통찰이 생겼다.

비구들이여, 비유하면 어떤 사람이 산기슭 숲속을 거닐다가 옛길을, 옛날 사람들이 다니던 오래된 지름길을 발견한 것과 같다. (……)

비구들이여, 나도 실로 그와 같이 옛길을, 옛날의 정각을 성취한 분들이 따라간 오래된 지름길을 보았다. 비구들이여, 무엇이 그 옛길, 옛날의 정각을 성취한 분들이 따라간 오래된 지름길인가? 그것은 성스러운 8정도, 즉 정견, 정사유, 정어, 정업, 정명, 정정진, 정념, 정정이다."

이 경전을 통해 우리는 붓다의 깨달음이 4성제이며, 그 4성제를 이루고 있는 내용이 12연기와 8정도임을 알 수 있다. 붓다는 생로병사를 겪고 있는 것이 명색에 의존하고 있는 식(識)이라는 것을 깨달았다. 그리고 이 경 속에 12연기의 무명(無明)과 행(行)이 언급되어 있지는 않지만 사실은 그것들을 포함하고 있다.

붓다가 깨달은 것은 생사의 괴로움을 겪고 있는 자아는 존재하지 않으며, 명색에 의지하고 있는 식(識), 즉 허망한 분별심에 의해 생로병사의 괴로움이 나타난다는 사실이다. 이러한 사실을 모르고[無明] 허망한 식(識)을 자아로 집착하고 살아가면[行] 그 식(識)을 조건으로 생사의 괴로움은 끝없이 이어진다. 이것이 무명에서 시작되는 12연기이다. 한편 이러한 사실을 알아서 바르게 살아가면 열반에 이르게 된다는 것이 정견(正見)에서 시작되는 8정도이다.

이와 같이 12연기는 4성제와 밀접하게 연관되어 있다. 다시 말해서 4성제는 12연기로 되어 있다. 12연기는 12개의 지분으로 구성된 이론이 아니다. 12연기는 역관(逆觀)과 순관(順觀)을 통해 생사의 괴로움 속에서 유전하는 삶과 생사의 괴로움에서 벗어나 열반에 이르는 삶을 여실하게 깨닫도록 붓다가 가르친 우리 마음을 관찰하는 관법(觀法)이다. 따라서 12연기는 유전문(流轉門)과 환멸문(還滅門)이라는 두 측면에서 관찰해야 하며, 윤전문과 환멸문을 관찰하는 방법에는 거꾸로 노사(老死)에서 출발하여 무명(無明)에 도달하는 관찰법인 역관과 순서대로 무명에서 시작하여 노사에 도달하는 관찰법인 순관이 있다.

4성제는 이러한 12연기의 유전문과 환멸문에 대한 역관과 순관이라는 두 가지 관찰법을 통해 깨닫게 되는 진리이다. 이들의 관계를 간단히 요약하면 아래와 같다.

- **고성제(苦聖諦)**

  12연기의 유전문에 대한 역관(逆觀)

- **집성제(集聖諦)**

  12연기의 유전문에 대한 순관(順觀)

- **멸성제(滅聖諦)**

  12연기의 환멸문에 대한 역관(逆觀)

- **도성제(道聖諦)**

  12연기의 환멸문에 대한 순관(順觀) – 8정도(正道)

유전문의 역관은 우리의 현실에서 출발한다. 우리는 누구나 늙고 죽는다. 이것이 불교에서 극복하려고 하는 괴로움이다. 괴로움에서 벗어나기 위해서는 왜 이러한 괴로움이 있는지를 알아야 한다. 노사의 괴로움은 왜 있을까? 이렇게 괴로움의 조건이 되는 것을 찾아가는 과정이 유전문의 역관이다. 이러한 역관을 통해서 우리는 노사의 괴로움이 나타나는 과정 속에 있는 모든 조건들, 즉 무명에서 노사에 이르는 12연기의 모든 요소들이 괴로움이라는 사실을 알게 된다. 이렇게 괴로움의 실상을 아는 것이 고성제이다.

유전문의 순관은 역관을 통해 괴로움의 근원이 드러난 후에 그 근원, 즉 무명에서 순서대로 노사의 괴로움이 연기하는 과정을 확인하는 것이다. 노사의 괴로움이 명색(名色)을 의존하고 있는 식에서 비롯된 것이라는 사실을 알지 못한다면[無明], 우리는 식을 자아로 집착하는 삶[行]을 살게 될 것이다. 이러한 삶이 조건이 되어 식이 있게 되고, 식이 조건이 되어 명색이 있게 되고, 결국 노사의 괴로움이 나타나게 된다는 사실을 유전문의 순관을 통해 확인하게 되며, 이것이 집성제(集聖諦)다.

12연기의 환멸문은 무명이 소멸하면 행이 소멸하고, 이와 같은 과정을 거쳐서 결국은 노사가 소멸한다는 것이다. 이러한 환멸문은 4성제의 멸성제와 도성제가 된다.

무명은 진리에 대한 무지, 즉 정견(正見)을 갖지 못한 상태를 의미한다. 생로병사의 괴로움은 5온(五蘊)이라는 허망한 자아를 집착함으로써 나타난 것이다. 붓다는 연기법을 깨달음으로써 우리가 집착하는 자아가 무명에서 연기한 허망한 5온이라는 것을 알게 되었다. 이것이 무명이 소멸하고 생긴 정견(正見)이다.

정견이 생기면 우리의 삶에 변화가 생긴다. 자아 중심의 삶에서 벗어나 무아의 삶을 살게 되는 것이다. 이것이 8 정도의 정사유(正思惟), 정어(正語), 정업(正業)이다. 이렇게 정견으로 바른 삶을 살아갈 때 무명에서 연기한 신(身)·구(口)·의(意) 3행(三行)이 사라지게 된다. 무명이 멸하면 행이 멸한다는 것은 이와 같이 정견이 생겨 바른 삶을 살아가게 된다는 것을 의미한다.

12연기의 환멸문의 순관은 4성제의 도성제, 즉 8정도를 의미한다. 우리가 12연기의 환멸문, 즉 무명이 멸하면 노사(老死)가 멸한다는 사실을 알고 있다 할지라도 부지런히 8정도를 실천하지 않으면 무명이 멸하지도 않고, 생사의 괴로움에서 벗어날 수도 없다.

정견(正見)에 의해서 본다면 나와 세계라는 존재와 과거, 현재, 미래라는 시간은 무명에서 연기한 것이지 실체가 아니다. 붓다는 이렇게 실체가 없이 연기한 것을 공(空)이라고 했다. 진리, 즉 연기법이라는 정견에서 보면 모든 존재는 연기한 것이므로 공(空)이고, 존재가 공이기 때문에 존재로 인해 나타나는 시간도 공(空)이다. 8정도는 이러한 공의 세계를 깨닫고 무아를 실천하는 참된 삶을 의미한다.

중생의
음식

15

우리는 먹어야 산다. 우리가 먹고 사는 음식에는 어떤 것이 있을까?

'빵만으로는 살 수 없다'는 말이 있다. 인간은 육신을 가지고 살지만, 정신적인 삶을 살기 때문에 우리의 육신을 유지시키는 빵 이외에도 정신을 유지하는 데 많은 음식을 필요로 한다.

『상윳따니까야』에는 중생들이 먹고 사는 음식에 네 가지가 있다는 법문이 있다.

"비구들이여, 이미 존재하는 중생들을 (중생의 상태에) 머물게 하거나, 다시 존재하고 싶어 하는 중생들을

(다시 존재하도록) 돕는 네 가지 음식이 있다오. 그 넷은 어떤 것들인가? 첫째는 거칠거나 부드러운, 덩어리로 된 음식[團食], 둘째는 대상접촉이라는 음식[觸食], 셋째는 의도(意圖)라는 음식[意思食], 넷째는 분별하는 마음이라는 음식[識食]이라오. 비구들이여, 이들 네 가지 음식이 이미 존재하는 중생들을 (중생의 상태에) 머물게 하거나, 다시 존재하고 싶어 하는 중생들을 (다시 존재하도록) 돕는다오."

여기에서 '덩어리로 된 음식[團食]'은 'kabaliṃkāra āhāra'의 번역어인데, 'kabaliṃkāra'는 '음식을 먹기 좋게 한입으로 만들다'라는 의미의 동사 'kabaliṃkāroti'의 명사형이다. 인도인들은 음식을 손으로 덩어리를 만들어서 먹는다. 그때 한입에 넣기 좋게 만든 덩어리가 'kabaliṃkāra'인 것이다. 'āhāra'는 음식을 의미하므로 'kabaliṃkāra āhāra'는 밥이나 빵과 같은 우리의 육신을 지탱하기 위해서 먹는 모든 음식을 의미한다. 한역(漢譯)에서는 이것을 '단식(團食)' 또는 '단식(摶食)'으로 번역했다.

    '대상접촉이라는 음식[觸食]'은 'phassa āhāra'의 번역어인데, 'phassa'는 '접촉'을 의미하는 명사이며, 12연기의 '촉(觸)'이 'phassa'의 한역(漢譯)이다. 이 '촉'은 단순한 접촉을 의미하는 것이 아니다. 촉은 12연기의 한 자리를 차지할 정도로 중요하고, 이해하기 어려운 개념이다. 『상윳따니까야』 12.44. 「세간(Loka)」에서는 촉을 다음과 같이 설명한다.

"비구들이여, 어떤 것이 세간의 모여 나타남[集]인 가?

시각활동[眼]과 지각된 형색[色]들에 의존하여 시각 의식[眼識]이 발생한다오. 셋의 만남이 대상접촉[觸] 이라오. 대상접촉에 의존하여 느낌[受]이 있고, 느낌 에 의존하여 갈망[愛]이 있고, 갈망에 의존하여 취 (取)가 있고, 취에 의존하여 유(有)가 있고, 유에 의존 하여 생이 있고, 생(生)에 의존하여 노사(老死)와 근 심, 슬픔, 고통, 우울, 고뇌가 함께 있다오. 이것이 괴 로움의 모여 나타남[集]이라오."

이전에 이야기했듯이 붓다는 "세간은 의식이 있고, 생각이 있는 한길 몸속에 있다."고 말씀하셨다. 우리는 '여섯 가지 지각구조[六根]를 지닌 몸'을 가지고 살아간다. '여섯 가지 지각구조를 지닌 몸'이 '의식이 있고, 생각이 있는 한길 몸' 이다. 이 한길 몸을 가지고 살면서 인식한 것이 그 사람의 세계다. 우리는 '의식이 있고, 생각이 있는 한길 몸', 즉 '여섯 가지 지각구조를 지닌 몸'을 가지고, 각자 자기의 세계를 만들어가면서 살고 있는 것이다. 이 경은 이와 같이 우리가 각자의 세계를 만들어서 그 속에서 괴로움을 겪는 과정을 이야기한 것이며, 이 과정에서 '촉(觸)'이 이야기되고 있다.

지금까지는 대부분 촉을 눈이나 귀와 같은 감각기관이 밖의 대상을 접촉하는 것으로 이해했다. 그러나 이 경에서는 지각활동을 통해서 분별하는 마음[識]이 생긴 이후에 지각활동[眼]과 지각대상[色]과 분별하는 마음[眼識]의 만남을 촉이라고 하고 있다. 이것은 구체적으로 무엇을 의미하는 것일까? 『상윳따니까야』 12.19. 「어리석은 사람과 현명한 사람(Bālena Paṇḍita)」에서는 다음과 같이 이야기한다.

"비구들이여, 무명(無明)에 뒤덮이고 갈망[愛]에 속박된 어리석은 사람에게 '이 몸이 있고, 밖에는 이름과 형색[名色]이 있다'고 생각하는 이 몸이 생긴다오. 이렇게 이원성(二元性)이 있다오. 이 이원성에 의존하여 대상접촉[觸]이 있다오. 즉, 6입처(六入處)가 있고, 6입처나 그것들 가운데 어떤 하나로 대상접촉을 한 어리석은 사람은 즐거움과 괴로움을 느낀다오."

우리는 인식의 대상이 되는 세계가 우리의 몸 밖에 있다고 생각한다. 그러나 붓다는 의식이 있고, 생각이 있는 한길 몸속에 우리의 세계가 있다고 말씀하셨다. 촉은 공간 속에서 우리의 몸과 외부의 사물이 접촉하는 것을 의미하는 것이 아니라, 이와 같은 사실을 알지 못하는 중생들이 탐욕과 갈망에 사로잡혀서 몸을 중심으로 내외(內外)를 분별하여 몸 안의 자아와 몸 밖의 대상, 즉 나와 남, 나와 세계를 둘로 보는 주객(主客) 이원성(二元性)의 사고방식으로 살아갈 때 경험하는 대상접촉이다. 이원성으로 분별된 주관과 객관의 만남이 촉이다. 그래서 필자는 이 촉, 즉 'phassa'를 대상접촉[觸]이라고 번역한다.

그렇다면 우리가 경험하는 대상의 실상은 무엇인가? 대상의 실상을 알기 위해서는 대상을 분별하는 우리의 분별하는 마음[識]이 어떤 것인지를 알아야 한다. 『잡아함경』(41)에서는 분별하는 마음[識]에 대하여 다음과 같이 설명한다.

어떻게 아는 것이 분별하는 마음[識]이 모여 나타나는 것을 여실하게 아는 것인가? '이름과 형상[名色]이 모여 나타는 것[名色集]을 분별하는 마음[識]의 모여 나타남[識集]이라고 부른다'라고 하는 것이 분별하는 마음[識]이 모여 나타나는 것을 여실하게 아는 것이다.

(云何識集如實知 謂名色集是名識集 如是識集如實知)

명색(名色), 즉 'nāmarūpa'는 '이름'을 의미하는 'nāma'와 '형태, 형상, 형색'을 의미하는 'rūpa'의 합성어로서 우리가 인식하는 이름과 형상을 의미한다. 일반적으로 명색은 '정신과 물질'을 의미한다고 알고 있는데, 이것은 매우 잘못된 이해이다. 우리가 인식하는 대상은 모두 이름과 형색을 가지고 있다. 꽃은 꽃의 형색이 있고, 산은 산의 형색이 있다. 그리고 모든 대상을 우리는 이와 같은 이름과 형색으로 인식한다. 『니까야』에서 말하는 'nāmarūpa', 즉 명색은 이렇게 우리가 대상으로 인식하는 이름과 형색을 의미할 뿐, 결코 정신과 물질을 의미하지 않는다.

우리가 존재로 인식하는 모든 대상은 이름[名]과 형색[色]을 지니고 있다. 그리고 모든 대상을 이름과 형색으로 인식하기 때문에, 우리는 이름과 형색을 지닌 대상이 우리와는 무관하게 외부에 실재한다고 생각한다. 산은 본래부터 외부에 산으로 존재하고 있고, 물은 본래부터 물로 존재하고 있다고 생각하는 것이다. 이렇게 이름과 형색을 지닌 대상을 접촉하는 것이 촉(觸)이다.

그런데 앞에 인용한 경에서는 이 접촉[觸]을 지각활동

[眼]과 지각된 형상[色]들에 의존하여 분별하는 마음[眼識]이 발생하여, 이들 셋이 만나는 것이라고 설명하고 있다. 이 말의 의미는 무엇일까?

책상은 '책상'이라는 이름과 책상의 모습을 가지고 있다. 만약 우리의 마음에 책상의 이름이 없다면 우리는 책상을 존재로 인식하지 못할 것이다. 오지의 원주민이나 석기시대의 사람처럼 책상을 모르는 사람들은 책상을 본다고 해도 그것을 책상으로 인식하지 못한다. 그 까닭은 이들의 마음속에는 책상이라는 개념, 즉 이름과 이에 상응하는 책상의 모습이 없기 때문이다.

우리가 존재로 인식하는 것은 이렇게 우리의 분별하는 마음속에 존재로 인식된 것의 이름과 모습, 즉 명색이 있기 때문이다. 이것을 앞의 『잡아함경』(41)에서 "이름과 형상[名色]이 모여 나타나는 것[名色集]을 분별하는 마음[識]의 모여 나타남[識集]이다."라고 한 것이다. 우리의 마음[識] 속에는 명색(名色)이 모여 있고, 우리의 마음속에 모여 있는 명색에 상응하는 사물이 지각될 때, 우리는 그것을 그 이름과 형색을 지닌 대상으로 인식하게 된다. 이때 이 대상과의 접촉은 외부의 사물과의 접촉이 아니라 마음속에 있는 명색과의 접촉이다.

이러한 대상접촉에서 고락(苦樂)의 감정, 즉 수(受)가 발생한다. 예를 들어 '다이아몬드'라는 이름과 형상을 갖지 못한 어린이들이 다이아몬드 원석을 볼 때, 그 다이아몬드 원석을 어린이들은 돌덩어리로 접촉한다. 그렇지만 다이아몬드 전문가는 그 돌덩어리를 다이아몬드 원석으로 접촉한다. 돌덩어리로 접촉한 어린이와 다이아몬드로 접촉한 전문가에게는 각기 다른 감정이 나타난다. 우연히 길에서 그 돌덩어리를 어린이가 본다면 별다른 감정이 일어나지 않겠지만, 전문가가 본다면 형언할 수 없는 기쁜 감정이 생길 것이다. 이것을 『상윳따니까야』 12.44. 「세간(Loka)」에서 "대상접촉[觸]에 의존하여 느낌[受]이 있다."라고 한 것이다.

붓다는 이러한 대상접촉[觸]을 중생을 만들고 유지시키는 음식이라고 말씀하셨다. 왜 이러한 대상접촉이 중생을 만들고 유지시키는 음식일까? 『상윳따니까야』 12.44. 「세간(Loka)」에서는 그 까닭을 '대상접촉[觸]에 의존하여 생긴 느낌[受]에 의존하여 갈망[愛]이 있고, 갈망에 의존하여 취(取)가 있고, 취에 의존하여 유(有)가 있고, 유에 의존하여 생(生)이 있고, 생에 의존하여 노사(老死)와 근심, 슬픔, 고통, 우울, 고뇌가 함께 있기 때문이다'라고 하고 있다. 바꾸어 말하면, 우리가 생로병사를 겪는 괴로운 중생의 삶에서 벗어나지 못하고 있는 것은, 자신의 마음속에 있는 명색(名色)에 의존하여 대상접촉을 하면서, 이러한 사실을 알지 못하고 이것을 외부에 실재하는 사물로 착각하여 고락의 감정을 일으키고, 그 감정에 의존하여 갈망하고 집착하는 삶을 살기 때문이라는 것이다. 그리고 붓다는 이러한 삶을 반복하는 것을 매일 먹는 음식에 비유하여 'phassa āhāra', 즉 '대상 접촉이라는 음식[觸食]'이라고 하신 것이다.

중생들은 '나'라는 존재가 있어서 태어나서 죽고, 윤회도 하고, 해탈도 한다고 생각한다. 이와 같은 중생들이 '나'의 존재라고 생각하고 있는 것은 몸[色], 감정(感情; 受) 이성(理性; 想), 의지(意志; 行), 의식(意識; 識), 즉 5온(五蘊)이다. 중생들은 몸, 감정, 이성, 의지, 의식을 자신의 자아(自我)라고 생각하고 있는 것이다. 그러나 중생들이 자신의 자아라고 생각하고 있는 5온은 태어나서 죽을 때까지 변함없이 존재하고 있는 것이 아니라, 끊임없이 변화하고 있다. 그런데 중생들은 이러한 5온을 자아로 취하여 동일한 존재로 유지시키려고 한다.

이러한 중생의 삶을 『상윳따니까야』 12.64. 「탐욕이 있으면(Atthirāgo)」에서는 다음과 같이 이야기한다.

"비구들이여, 이미 존재하는 중생들을 (중생의 상태에) 머물게 하거나, 다시 존재하고 싶어 하는 중생들을 (다시 존재하도록) 돕는 네 가지 음식이 있다오. (……)

비구들이여, 만약에 덩어리로 된 음식[團食]에 대하여 탐욕이 있고, 좋아하고, 갈망[愛]이 있으면, 거기에 분별하는 마음[識]이 머물면서 자란다오. 분별하는 마음이 머물면서 자라는 곳에, 그곳에 이름과 형색[名色]의 출현이 있다오. 이름과 형색의 출현이 있는 곳에, 그곳에 조작하는 행위[行]들의 증가가 있다오. 조작하는 행위들의 증가가 있는 곳에, 그곳에 미래에 다시 유(有)의 발생이 있다오. 미래에 다시 유의 발생이 있는 곳에, 그곳에 미래에 생(生), 노사(老死)가 있다오. 비구들이여, '미래에 생, 노사가 있는 곳에 슬픔이 있고, 근심이 있고, 불안이 있다'고 나는 말한다오.

대상접촉이라는 음식[觸食], 의도(意圖)라는 음식[意思食], 분별하는 마음이라는 음식[識食]에 대해서도 마찬가지라오.

비구들이여, 비유하면, 염색공이나 화가가 염료나 칠이나 노란색이나 파란색이나 붉은색으로, 잘 문지른 널빤지나 담벼락이나 흰 천에, 여자의 모습이나 남자의 모습을 손가락 발가락까지 자세하게 그리는 것과 같다오."

이 경에서는 네 가지 음식을 그림을 그리는 염료에 비유하고 있다. 화가가 염료로 그림을 그리듯이, 중생들은 네 가지 음식으로 자신의 모습을 그린다는 것이다. 그렇다면 중생들이 네 가지 음식으로 그리는 자신의 모습은 어떤 것인가?

첫째, 덩어리로 된 음식[團食]으로는 형색을 지닌 몸[色]을 그린다. 우리의 몸은 우리가 먹은 음식으로 이루어진다. 그리고 이렇게 이루어진 몸을 중생들은 자기 자신이라고 생각하거나, 자신의 소유라고 생각한다.

둘째, 대상접촉이라는 음식[觸食]으로는 느끼는 마음[受]을 그린다. 우리의 느끼는 마음, 즉 감정은 대상접촉[觸]에 의존하여 발생하고, 이렇게 발생한 감정들이 모여서 일정한 패턴의 감정이 형성된다. 이렇게 형성된 감정을 중생들은 자기 자신이라고 생각하거나, 자신의 소유라고 생각한다.

이와 같이 덩어리로 된 음식[團食]과 대상접촉이라는 음식[觸食]은 중생들이 자아(自我)로 집착하고 있는 5온 가운데 색온(色蘊)과 수온(受蘊)을 만들고 유지시키는 음식이며, 색온과 수온을 그리는 그림의 염료다.

의도(意圖)라는 음식[意思食]은 상온(想蘊), 행온(行蘊)을 만들고 유지시키는 음식이 되고, 염료가 된다. 『잡아함경』(306)은 이것을 다음과 설명하고 있다.

두 법(法)이 있나니 안(眼)과 색(色)이 두 법이다. 안과 색을 연하여 안식(眼識)이 생기고, 이들 셋[三事]의 화합이 촉(觸)이다. 촉에서 수(受)·상(想)·사(思)가 함께 생긴다. 이것이 네 가지 무색음(無色陰)이다. 안(眼)과 색(色) 그리고 이들 법을 사람이라고 하면서, 이들 법에서 사람이란 생각, 중생이라는 생각, 인간계라는 생각, 어린이라는 생각 등을 하여 다음과 같이 말한다. '내가 눈으로 색을 보고, 내가 귀로 소리를 듣고, 내가 마음으로 법을 인식한다.' 또 이렇게 말한다. '이 존자는 이름은 이러하고, 성은 이러한데 이렇게 살다가 이렇게 죽었다.'

이 경에서 이야기하는 수(受), 상(想), 사(思)는 우리의 감정, 이성, 의지에 해당한다. 이 경에 의하면 촉(觸), 즉 대상접촉을 통해서 감정[受], 이성[想], 의지[思]가 생긴다. 이 가운데 이성[想], 의지[思]가 의도(意圖)라는 음식[意思食]이며, 이 음식을 통해서 상온(想蘊), 행온(行蘊)이 형성된다. 그렇다면 촉(觸)에서 수(受), 상(想), 사(思)가 생긴다는 것은 구체적으로 무엇을 의미하는 것일까?

　예를 들어, 우리가 정원에 피어 있는 크고 붉은 장미를 본다고 하자. 우리가 정원의 장미를 보는 것이 대상접촉[觸]

이다. 장미라는 대상을 접촉함으로써 우리에게 '아름답다'라는 감정[受]이 발생한다. 우리가 장미를 보면, '아름답다'는 느낌이 일어날 뿐만 아니라 "이 장미는 보통 장미보다 더 붉고, 더 크다."라는 생각이 일어난다. 이렇게 다른 것과 비교하고 생각하는 것이 상(想)이다. "이 장미는 보통 장미보다 더 붉고, 더 크다."라는 생각이 일어나면, 이어서 "이 장미를 꺾어 꽃병에 꽂아놓고 보고 싶다."는 생각이 일어날 것이다. 이렇게 어떤 것을 가지고 무엇인가를 하고 싶다는 생각이 드는 것이 사(思)다. 이와 같이 대상접촉을 통해서 상(想)과 사(思)가 발생하며, 이것이 반복됨으로써 5온의 상온(想蘊)과 행온(行蘊)이 형성되고 유지된다. 다시 말하면, 의도(意圖)라는 음식[意思食]에 의해서 상온, 행온이 형성되고 유지되는 것이다.

분별하는 마음이라는 음식[識食]은 식온(識蘊)을 만들고 유지시키는 음식이 되고, 염료가 된다. 『상윳따니까야』 12. 39.「의도(Cetanā)」에서는 다음과 같이 이야기한다.

"비구들이여, 의도되는 것과 계획되는 것과 반복되는 것, 이것이 분별하는 마음[識]이 머무는 바탕이라오. 바탕이 있는 곳에 분별하는 마음이 머물 곳이 있다오. 분별하는 마음이 머물면서 성장하는 곳에 이름과 형색[名色]이 나타난다오. 이름과 형색에 의존하여 6입처(六入處)가 있고, 6입처에 의존하여 대상접촉[觸]이 있고, 대상접촉에 의존하여 느낌[受]이 있고, 느낌에 의존하여 갈망[愛]이 있고, 갈망에 의존하여 취(取)가 있고, 취에 의존하여 유(有)가 있고, 유에 의존하여 생(生)이 있고, 생에 의존하여 노사(老死)와 근심, 슬픔, 고통, 우울, 고뇌가 함께 있다오. 이와 같이 순전한 괴로움덩어리[苦蘊]의 모여 나타남[集]이 있다오.

비구들이여, 의도되지 않는다 할지라도, 계획되지 않는다 할지라도, 만약에 다시 반복된다면, 이것이 분별하는 마음이 머무는 바탕이라오. 바탕이 있는 곳에 분별하는 마음이 머물 곳이 있다오. 분별하는 마음이 머물면서 성장하는 곳에 이름과 형색[名色]이 나타난다오. 이름과 형색에 의존하여 6입처가 있고, 6입처에 의존하여 대상접촉[觸]이 있고, 대상접촉에 의존하여 느낌[受]이 있고, 느낌에 의존하여 갈망[愛]이 있고, 갈망에 의존하여 취(取)가 있고, 취에 의존하여 유(有)가 있고, 유에 의존하여 생(生)이 있고, 생에 의존하여 노사(老死)와 근심, 슬픔, 고통, 우울, 고뇌가 함께 있다오. 이와 같이 순전한 괴로움덩어리[苦蘊]의 모여 나타남[集]이 있다오."

중생들의 분별하는 마음[識]은 의도되고, 계획되고, 반복되는 것에 바탕을 두고 머물면서 성장한다. 그리고 네 가지 음식은 이렇게 중생들의 분별하는 마음[識]이 성장하도록 하는 자양분이 된다. 이때 의도되고 계획되는 것들이 '의도(意圖)라는 음식[意思食]'이다. 우리가 어떤 의도를 가지고 행동하면, 이것이 음식이 되어서 우리의 의식을 성장시킨다는 것을 붓다는 은유적으로 '의도(意圖)라는 음식[意思食]'이라고 표현한 것이다. 그리고 이 경에서 '다시 반복된다'는 것은 분별하여 인식하는 인식활동이 반복된다는 것을 의미하며 반복되는 인식활동에 의하여 식온(識蘊)이 형성되고 유지되기 때문에 이것을 분별하는 마음이라는 음식[識食]이라고 부른다. 『상윳따니까야』 12.59. 「분별하는 마음(識; Viññāṇaṃ)」에서는 이것을 다음과 같이 이야기한다.

"비구들이여, 속박하는 것들에 대하여 달콤한 맛이라고 보면서 살아가면 분별하는 마음[識]이 늘어난다오. 분별하는 마음에 의존하여 이름과 형색[名色]이 있고, (……) 이와 같이 순전한 괴로움덩어리[苦蘊]의 모여 나타남[集]이 있다오.

비구들이여, 비유하면, 아래로 뻗고, 사방으로 뻗은 큰 나무의 뿌리들이 위로 모든 자양분을 제공하는 것과 같다오. 비구들이여, 이렇게 하면 그것이 공급되어 그것을 취한 그 큰 나무는 오래오래 긴 시간을 서 있는 것과 같다오.

비구들이여, 속박하는 것들에 대하여 위험한 것이라고 보면서 살아가면 분별하는 마음[識]이 그쳐 사라진다오. 분별하는 마음이 그쳐 사라지면 이름과 형색[名色]이 그쳐 사라지고, (……) 이와 같이 순전한 괴로움덩어리[苦蘊]의 그쳐 사라짐[滅]이 있다오.

비구들이여, 비유하면, 사람이 괭이와 소쿠리를 가지고 와서 큰 나무를 뿌리 부분에서 자른 후에, 흙을 파내어 뿌리를 뽑고, 잔뿌리, 실뿌리까지 뽑아낸 다음, 그 나무를 토막을 내어 자르고, 쪼개고, 산산조각으로 조각내어 바람과 햇볕에 말려서 불로 태운 후에 재를 만들어서 큰 바람에 날려버리거나 강의 급류(急流)에 씻어버리는 것과 같다오. 비구들이여, 이와 같이 하면 뿌리가 잘린 그 큰 나무는, 그루터기가 잘린 종려나무처럼 다시 존재할 수 없게 되어, 미래에는 생기지 않는 것과 같다오."

이 경에서는 분별하는 마음[識]에 의존하여 중생들의 괴로운 삶이 나타나고 유지되는 것을 자양분을 취하여 유지되는 나무에 비유하고 있다. 우리는 우리가 의도한 것에 대하여 관심을 가지고 이것을 이름과 형상[名色]으로 분별하며, 이러한 분별하는 마음이 중생들이 중생의 상태를 유지하게 하는 자양분이 된다는 의미에서 분별하는 마음을 '음식'이라고 부른다.

중생들은 이와 같은 네 가지 음식을 취함으로써 중생의 상태를 이어간다. 이러한 삶은 괴롭고 위태롭다. 붓다는 네 가지 음식의 비유를 통해서 우리에게 이러한 괴로움과 위험을 깨닫도록 가르치신 것이다.

아들의
살을
먹듯이

16

앞에서 우리는 중생들이 네 가지 음식을 취함으로써 중생의 상태를 이어간다는 붓다의 말씀을 살펴보았다. 그런데 이들 음식은 우리가 살아가는 데 없어서는 안 될 것들이다. 덩어리로 된 음식[團食]을 먹지 않고서는 생존이 불가능하며, 대상접촉[觸食]을 하지 않고 살아갈 수는 없다. 그리고 의도하지 않고 분별하지 않는 삶은 있을 수 없다. 그렇다면 중생의 상태에서 벗어나 살아가려면 어떻게 해야 할까?

『상윳따니까야』 12.63. 「아들의 살(Puttamaṃsa)」에서 붓다는 다음과 같은 비유를 말씀하신다.

"비구들이여, 덩어리로 된 음식[團食]은 어떻게 보아

야 하는가?

비구들이여, 비유하면, 어떤 부부(夫婦)가 적은 식량을 가지고 사막 길에 들어섰다오. 그들에게는 사랑스럽고 귀여운 외아들이 있었다오. 비구들이여, 그런데 사막 길을 가던 그 부부의 적은 식량은 떨어져서 바닥났는데, 그 사막은 끝나지 않고 남아 있었다오. 그래서 그 부부는 생각했다오.

'우리의 적은 식량은 떨어져서 바닥났는데, 이 사막은 끝나지 않고 남아 있구나. 우리는 이 사랑스럽고 귀여운 외아들을 죽여 육포(肉脯)를 만들고 장포(醬脯)를 만들어서 아들의 살을 먹으면 남은 사막을 건널 수 있을 것이다. 우리 셋이 다 죽을 수는 없지 않은가?'

그래서 그 부부는 사랑스럽고 귀여운 외아들을 죽여 아들의 살을 먹으면서 남은 사막을 건넜다오. 그들은 '우리 외아들아 어디로 갔느냐! 우리 외아들아 어디로 갔느냐!'라고 가슴을 치면서 아들의 살을 먹었다오.

비구들이여, 어떻게 생각하는가? 그들이 즐기려고 음식을 먹거나, 맛에 빠져서 음식을 먹거나, 푸짐하게 음식을 먹거나, 진수성찬으로 음식을 먹었겠는가?"

"결코 그렇지 않습니다. 세존이시여!"

"비구들이여, 그들은 오직 사막을 건널 목적으로만 그 음식을 먹지 않았겠는가?"

"그렇습니다. 세존이시여!"

"비구들이여, 나는 '덩어리로 된 음식[團食]은 이와 같이 보아야 한다'고 말한다오. 비구들이여, '덩어리로 된 음식[團食]에 대한 완전한 이해가 있을 때 다섯 가지 감각적 쾌락의 속성을 갖는 탐욕에 대한 완전한 이해가 있고, 다섯 가지 감각적 쾌락의 속성을 갖는 탐욕에 대한 완전한 이해가 있을 때에는 거룩한 제자가 더 이상 해야 할 어떤 것도 없다'고 나는 말한다오."

붓다가 덩어리로 된 음식을 말씀하신 뜻은 음식을 먹지 않고 살라는 것이 아니라 음식을 즐기거나 음식의 맛을 탐착하지 말라는 것이다. 그리고 음식에 대한 올바른 이해와 그 음식을 통해서 야기되는 감각적 쾌락이 괴로움의 근본이라는 것을 깨닫도록 하려는 것이다.

이 경에는 다른 음식에 대한 붓다의 비유가 다음과 같이 이어진다.

"비구들이여, 대상접촉이라는 음식[觸食]은 어떻게

보아야 하는가?

비구들이여, 비유하면, 피부가 벗겨진 암소가 담장에 기대어 서 있으면 담장에 의지해서 사는 것들이 그 소를 먹을 것이고, 나무에 기대어 서 있으면 나무에 의지해서 사는 것들이 그 소를 먹을 것이고, 물속에 들어가 서 있으면 물에 의지해서 사는 것들이 그 소를 먹을 것이고, 허공에 몸을 두고 서 있으면 허공에 의지해서 사는 것들이 그 소를 먹을 것이오. 비구들이여, 그 피부가 벗겨진 암소가 무엇엔가 의지하여 서 있으면, 그것에 의지하여 사는 것들이 그 소를 먹을 것이오.

비구들이여, 나는 '대상접촉이라는 음식[觸食]은 이와 같이 보아야 한다'고 말한다오. 비구들이여, '대상접촉이라는 음식[觸食]에 대한 완전한 이해가 있을 때 세 가지 느낌[受]에 대한 완전한 이해가 있으며, 세 가지 느낌[受]에 대한 완전한 이해가 있을 때에는 거룩한 제자가 더 이상 해야 할 어떤 것도 없다'고 나는 말한다오.

비구들이여, 의도(意圖)라는 음식[意思食]은 어떻게 보아야 하는가?

비구들이여, 예를 들어, 사람의 키보다 훨씬 깊은, 불꽃도 일지 않고, 연기도 나지 않는 숯불이 가득 찬 불구덩이에, 살기를 바라고, 죽지 않기를 바라고, 괴로움을 싫어하는 사람이 오자, 그 사람을 힘센 장정 두 사람이 억지로 붙잡아서 그 불구덩이 속에 끌어넣는다면, 비구들이여, 그것은 그 사람의 의지와는 전혀 동떨어진 것이고, 바람과는 전혀 동떨어진 것이고, 소원과는 전혀 동떨어진 것일 것이오. 왜냐하면, 비구들이여, 그 사람은 '내가 이 불구덩이에 빠지게 되면 그로 인해서 죽게 되거나, 죽을 정도로 괴롭게 될 것이다'라고 생각할 것이기 때문이오.

비구들이여, 나는 '의도(意圖)라는 음식[意思食]은 이와 같이 보아야 한다'고 말한다오. 비구들이여, '의도(意圖)라는 음식[意思食]에 대한 완전한 이해가 있을 때 세 가지 갈망[愛]에 대한 완전한 이해가 있으며, 세 가지 갈망에 대한 완전한 이해가 있을 때에는 거룩한 제자가 더 이상 해야 할 어떤 것도 없다'고 나는 말한다오.

비구들이여, 분별하는 마음[識]이라는 음식[識食]은 어떻게 보아야 하는가?

비구들이여, 비유하면, 도적질을 한 죄인을 붙잡아 왕에게 보이고, '전하! 이놈이 도적질을 한 죄인입니다. 뜻대로 이놈에게 벌을 내려주십시오.'라고 왕에게 고하자, '여봐라, 가서 이놈을 오전에 창으로 100번을 찔러라!'라고 하여 오전에 창으로 그자를 100번을 찔렀다오. 한낮이 되자 왕은 '여봐라, 그자는 어떻게 되었느냐?'라고 말했고, '전하, 여전히 살아 있습니다.'라고 왕에게 고하자, '여봐라, 가서 그놈을 한낮에 창으로 100번을 찔러라!'라고 하여 한낮에 창으로 그자를 100번을 찔렀다오. 오후가 되자 왕은 '여봐라, 그자는 어떻게 되었느냐?'라고 말했고, '전하, 여전히 살아 있습니다.'라고 왕에게 고하자, '여봐라, 가서 그놈을 오후에 창으로 100번을 찔러라!'라고 하여 오후에 창으로 그자를 100번을 찔렀다오. 비구들이여, 어떻게 생각하는가? 하루에 창으로 300번을 찔린 그 사람은 그로 인해서 괴로움과 슬픔을 느끼지 않았겠는가?"

"세존이시여, 한 번만 창에 찔려도 그로 인해서 괴로움과 슬픔을 느낄 것입니다. 그런데 300번을 찔린다면 말해 무엇 하겠습니까?"

"비구들이여, 나는 '분별하는 마음[識]이라는 음식[識食]은 이와 같이 보아야 한다'고 말한다오. 비구들이여, '분별하는 마음[識]이라는 음식[識食]에 대한 완

전한 이해가 있을 때 이름과 형색[名色]에 대한 완전
한 이해가 있으며, 이름과 형색에 대한 완전한 이해
가 있을 때에는 거룩한 제자가 더 이상 해야 할 어떤
것도 없다'고 나는 말한다오."

우리는 지각활동을 통해서 대상을 접촉하는 경험에 의존하
여 살아간다. 그리고 이 경험을 통해서 발생하는 고락(苦樂)
의 감정이 우리의 삶을 지배한다. 이 경에서는 이러한 감정
의 지배에서 벗어나지 못하는 중생들을 피부가 벗겨진 암소
에 비유하고 있다. 피부가 벗겨진 암소는 그가 의지하고 있
는 사물에 붙어 있는 벌레의 먹이가 되듯이 대상접촉을 통
해서 발생한 감정에 좌우되는 사람은 감정의 먹이가 된다.

감정의 지배를 받는 중생들은 감정이 시키는 대로 행동
한다. 즐거운 감정을 주는 대상은 소유하려고 하고 괴로운
감정을 주는 대상은 없애려 한다. 감각적 쾌락을 추구하는
중생들의 의도는 행복을 바라는 본래의 의도와는 달리 중
생들을 붙잡아 괴로움이 가득한 뜨거운 불구덩이에 집어넣
는 힘센 장정과 같은 것이다.

우리는 대상을 명색(名色), 즉 이름[名]과 형색[色]으로
분별한다. 그리고 그 이름과 형색을 지닌 사물이 외부에 실
재한다고 생각한다. 예를 들어 책상이라는 이름과 형색을

지닌 사물이 외부에 존재하고, 이것을 몸속에 있는 분별하는 마음[識]이 인식한다고 생각한다. 중생들은 이러한 분별하는 마음으로 인해서 밤낮을 가리지 않고 괴로움과 슬픔을 느낀다. 원수는 만나서 괴롭고, 사랑하는 사람은 헤어져서 괴롭고, 원하는 것은 얻지 못해서 괴롭다. 이 모든 괴로움이 사랑과 미움, 원하는 것과 원하지 않는 것을 분별하기 때문에 생긴 것이다.

과연 우리의 외부에는 이름과 형색을 지닌 사물이 존재하고, 우리의 마음은 이것을 있는 그대로 분별하는 것일까? 책상은 본래 그것이 책상이기 때문에 우리가 책상이라고 인식하고, 원수는 본래 원수이기 때문에 우리가 원수라고 인식하는 것일까?

그렇지 않다. 책상은 우리에게 책을 보려는 의도가 있기 때문에 책상으로 인식되고, 원수는 우리에게 미운 감정이 있기 때문에 원수로 인식된다. 동일한 사물에 대하여 우리는 전혀 다른 인식을 할 수 있다. 음식을 먹으려는 의도로 책상을 보면 이것은 식탁으로 인식되고, 미워하던 사람에게 사랑하는 감정이 생기면 이 사람은 사랑하는 사람으로 인식된다. 이러한 사실을 안다면, 우리는 결코 우리의 인식의 대상에 의해 상처받지 않을 것이다.

붓다는 우리에게 음식을 먹지 말고, 경험을 하지 말고,

의도를 갖지 않고, 인식을 하지 않을 것을 가르치신 것이 아니다. 음식의 맛을 탐착하지 말고, 감정에 먹히지 말고, 헛된 의도에 사로잡히지 말고, 분별되는 대상에 의해 상처받지 않고 살아갈 것을 가르치셨다. 우리의 삶을 이루는 음식과 경험, 의도와 인식에 대하여 바르고 완전하게 알고 살아갈 것을 가르치신 것이다.

그렇다면 구체적으로 그러한 삶은 어떤 것인가? 4념처(四念處)가 바로 그 답이다.

신념처(身念處)는 우리의 몸을 이루는 음식에 대하여 바르게 통찰하는 수행법이고, 수념처(受念處)는 대상접촉에서 발생하는 느낌들을 바르게 통찰하는 수행법이며. 심념처(心念處)는 우리의 마음이 의도하는 것을 바르게 통찰하는 수행법이고, 법념처(法念處)는 인식대상을 바르게 통찰하는 수행법이다. 이러한 수행을 통해서 우리는 중생에서 벗어나 열반을 성취할 수 있다는 것이 붓다의 가르침이다.

출세간의
다섯 가지
음식

17

지금까지 중생들이 괴로운 세간을 벗어나지 못하고 살아가
면서 먹는 네 가지 음식에 대하여 이야기했다. 이제는 괴로
운 세간에서 벗어나 행복한 열반을 성취하기 위해서 먹어
야 할 출세간의 음식에 대하여 살펴보기로 한다.

『증일아함경』의 「마왕품(魔王品)」에서는 네 가지 인간
의 음식[人間食]과 다섯 가지의 인간을 벗어나는 음식[出人間
食]이 있다고 이야기한다.

음식에 아홉 가지가 있음을 관찰해야 한다. 그것은
네 가지의 인간의 음식[人間食]과 다섯 가지의 인간
을 벗어나는 음식[出人間食]이다. 어떤 것이 네 가지

인간의 음식인가. 첫째는 덩어리로 된 음식[揣食]이다. 둘째는 대상접촉이라는 음식[更樂食, 觸食]이다. 셋째는 의도라는 음식[念食, 意思食]이다. 넷째는 분별하는 마음이라는 음식[識食]이다. (……) 출세간의 징표가 되는 다섯 가지 음식은 어떤 것인가? 첫째는 선식(禪食)이다. 둘째는 원식(願食)이다. 셋째는 염식(念食)이다. 넷째는 8해탈식(八解脫食)이다. 다섯째는 희식(喜食)이다.

네 가지 인간의 음식은 이전에 살펴본 중생의 네 가지 음식을 의미한다. 앞서 살펴보았듯이 네 가지 음식은 중생들이 '자아'로 취하고 있는 5온(五蘊), 즉 세간을 형성하여 유지시키는 자양분이다. 그런데 이 경에서는 다시 출세간을 형성하고 유지시키는 자양분으로 선식(禪食), 원식(願食), 염식(念食), 8해탈식(八解脫食), 희식(喜食)을 이야기하고 있다. 이 다섯 가지 출세간의 음식에 대한 법문은 불교에서 추구하는 열반이 어떤 것인지를 알려주는 중요한 법문이다.

불교는 괴로운 세간을 벗어나 행복한 출세간의 열반의 성취를 목표로 한다. 그리고 불교의 진리인 4성제(四聖諦)는 세간을 벗어나 열반을 성취하기 위해서 우리가 알아야 할 진리이다. 괴로운 세간에서 벗어나기 위해서는 먼저 세간의 실상을 알아야 하는데, 이것을 보여주는 것이 고성제(苦聖諦)이며, 집성제(集聖諦)는 세간의 존재 원인을 보여주는 진리이고, 멸성제(滅聖諦)는 출세간의 실상을 보여주는 진리이다. 그리고 도성제(道聖諦)는 출세간을 성취하기 위해서 가야 할 바른길을 보여주는 진리이다. 불교는 4성제라는 진리를 통해 세간의 실상이 괴로움이라는 사실을 알고[苦聖諦], 괴로운 세간이 나타나는 원인을 알아서[集聖諦], 괴로움의 원인이 소멸하여 괴로움이 사라진 열반을 목표로 삼아 [滅聖諦] 출세간의 열반에 도달하는 길[道聖諦]을 가도록 가르친다.

세간을 벗어나 출세간을 성취하기 위해서는 먼저 출세간, 즉 열반을 의미하는 멸성제에 대하여 알아야 한다. 『중아함경』의 「분별성제경(分別聖諦經)」에서는 멸성제를 "중생들이 (자아로) 애착하고 있는 안(眼), 이(耳), 비(鼻), 설(舌), 신(身), 의(意) 내6처(內六處)에서 해탈하여 물들지 않고 집착하지 않고 끊고 버리고 토하고 없앤 무욕의 세계이며, 내6처가 멸하고 존재하기를 멈추고 사라진 세계"라고 한다. 그렇다면 출세간의 열반은 구체적으로 어떤 것일까? 모든 존재와 생명이 사라진 허무와 죽음의 세계일까, 그렇지 않으면 무언가 새로운 열반의 세계가 중생계 너머에서 우리를 기다리고 있는 것일까? 이 문제는 붓다 당시의 유력한 제자들에게도 큰 의문의 하나였다. 『잡아함경』(249)에서는 아난(阿難) 같은 제자도 이러한 의문을 갖고 있었음을 다음과 같이 보여주고 있다.

존자 아난(阿難)이 존자 사리불(舍利佛)에게 물었다.
"6촉입처(六觸入處)를 떠나서 탐욕이 소멸하고, 쉬고, 사라져버린 뒤에 다시 남는 것이 있습니까?"

이와 같은 아난의 질문에 사리불은 "남음이 있는가, 없는가, 남는 것도 있고 남지 않는 것도 있는가, 남는 것도 아니고 남지 않는 것도 아닌가?'라고 묻는 것은 모두 무의미한 말[虛言]"이라고 대답한다. 그리고 "6촉입처(六觸入處)가 멸진하면 모든 허위를 떠나 열반(涅槃)을 얻게 되며, 이것이 붓다의 말씀이다."라고 말한다. 열반은 모든 허위를 떠난 진실의 세계라는 것이다. 그렇다면 허위의 세계는 어떤 세계이고 진실한 열반의 세계는 어떤 세계일까? 열반은 결박(結縛)에서 해탈(解脫)한 경지이다. 따라서 열반의 의미를 구체적으로 이해하기 위해서 먼저 불교에서 이야기하는 결박과 해탈이 무엇인지를 알아야 한다.

결박이란 문자 그대로 자유를 구속하는 것을 의미하고 해탈이란 구속에서 벗어난 자유로운 상태를 의미한다. 그렇다면 무엇이 무엇을 구속하고, 무엇이 무엇으로부터 해탈하는 것일까? 『잡아함경』에 의하면 결박하는 것[結法]은 욕탐(欲貪)이고, 결박된 것[結所繫法]은 5온과 12입처(十二入處)라고 한다. 그리고 해탈하는 것은 마음[心]이며, 마음이 해탈하면 고(苦)를 끊을 수 있고(心得解脫者 則能斷苦) 생로병사(生老病死)의 두려움에서 벗어날 수 있다(心解脫者 則能越生老病死怖)고 한다. 간단히 말하면, 우리의 마음이 욕탐에 결박되어 마음속에 욕탐에 결박된 5온과 12입처가 형성된 상태가 세간(世間)이고, 마음이 욕탐에서 해탈하여 허위의 세간인 5온과 12입처가 사라지면 생로병사의 두려움에서 벗어난 열반이다.

중생의 세간인 5온과 12입처는 욕탐[結法]에 의해 결박된 법[結所繫法]이다. 우리의 마음이 욕탐에 결박되는 까닭은 우리가 네 가지 음식에 대하여 욕탐을 일으켜 좋아하고 애착하기 때문이다. 이때 네 가지 음식이 자양분이 되어 중생의 세간인 5온과 12입처가 형성되고 유지된다는 것을 우리는 이미 살펴본 바 있다. 그렇다면 어떻게 하면 이러한 허위의 세간을 벗어나 열반을 성취할 수 있을까? 그 답이 출세간의 다섯 가지 음식이다.

앞에서 언급했듯이, 출세간의 다섯 가지 음식은 선식, 원식, 염식, 8해탈식, 희식이다. 이들을 출세간의 음식이라고 하는 것은 선정을 통해 망념을 가라앉히고[禪食], 욕탐을 원으로 바꾸어서[願食], 4념처 수행을 하고[念食], 8해탈을 성취하여[八解脫食], 항상 기쁨으로 살아가면[喜食] 세간의 괴로움을 벗어나 열반을 성취할 수 있다는 것을 의미한다.

출세간의 다섯 가지 음식을 먹으면 허위의 세간에서 벗어나 출세간의 열반을 얻을 수 있다는 것은 무슨 의미일까? 중생들이 네 가지 세간의 음식을 먹으면서 욕탐에 사로잡힌 5온과 12입처로 만들어낸 세계가 3계(三界)이다. 불교의 선정(禪定)은 이러한 3계가 허위의 세계임을 통찰하여 멸진정을 성취하는 수행이다. 이 선정은 9단계로 이루어져 있기 때문에 9차제정(九次第定)이라고 불리는데, 색계(色界)의 초선(初禪), 제2선(第二禪), 제3선(第三禪), 제4선(第四禪)과 무색계(無色界)의 공처정(空處定), 식처정(識處定), 무소유처정(無所有處定), 비유상비무상처정(非有想非無想處定), 그리고 멸진정(滅盡定)으로 구성되어 있다. 9차제정은 중생들의 세간인 3계, 즉 욕계(欲界), 색계(色界), 무색계(無色界)의 실상을 깨달아서 이들 세간에 대한 욕탐을 버리고 단계적으로 해탈하는 수행법이다. 출세간의 다섯 가지 음식 가운데 선식은 이러한 9차제정을 의미한다. 선식을 출세간의 음식이라고 하는 것은 허위의 세간을 벗어나 출세간의 열반을 성취하려면 매일 음식을 먹듯이 선정 수행을 해야 한다는 의미이다.

출세간의 두 번째 음식인 원식은 어떤 것을 의미할까? 중생들의 네 가지 음식 가운데 '의도(意圖)라는 음식[意思食]'은 욕탐(欲貪)에 물든 의지(意志)이다. 중생들의 의지는 항상 자기 자신의 유지를 지향(志向)한다. 중생의 세간은 욕탐에 물든 의지에 의해서 출현한 것이기 때문에 세간을 벗어나 열반을 성취하기 위해서는 욕탐을 버려야 한다. 그렇다면 열반을 얻기 위해서는 아무런 의도도 하지 않고 목석(木石)처럼 살아야 할까? 원식은 열반이 아무런 의도도 하지 않고 목적 없이 살아가는 목석같은 삶이 아니라는 것을 보여준다.

원(願)의 원어 'paṇidhi'는 앞(before, in front)의 의미인 'pra'와 '놓음(laying down), 간직함(keeping)'의 뜻을 가진 'nidhāna'의 합성어로서 노력, 정진의 의미로 사용되는 개념이다. 노력이란 미래의 어떤 결과를 성취하기 위한 행동이다. 따라서 미래에 자신의 뜻을 세워놓고 그 뜻의 실현을 위해 노력한다는 의미를 '원(願)'이라는 단어는 함축하고 있다. 원(願)도 목적을 지향한다는 점에서는 욕탐과 다르지 않다. 그러나 지향하는 바는 전혀 다르다.

욕탐은 무지와 욕탐에 의해 형성된 거짓된 자아, 즉 5온과 12입처를 유지시키기 위한 의지(意志)이다. 욕탐은 자기 존재로 취하고 있는 5온의 유지를 목표로 한다. 그래서 자신이 잘 유지되고 있다고 생각될 때는 행복을 느낀다. 그러나 중생들이 자아로 취하고 있는 5취온(五取蘊)은 무상하기 때문에 근본적으로 유지될 수 없다. 따라서 욕탐에는 본질적으로 만족이 있을 수 없다. 행복은 언제나 순간적이며 불안을 동반한다.

원(願)은 이와 같은 욕탐에서 해탈한 의지이다. 5온은 무상하여 잠시도 유지될 수 없음을 자각한 상태에서 일어나는 삶의 의지이며, 무아(無我)의 체득에서 비롯된 의지의 참모습이다. 따라서 원(願)으로 살아가는 삶에는 자신과 자신의 소유에 대한 집착이 없다. 우리의 참모습은 연기하는 현존(現存)이다. 현존이란 시간적으로는 존재하지 않는 '지금, 여기의 삶'이다. 현존은 과거에도 없고 미래에도 없고 현재에도 없으며, '지금 여기'에 있을 뿐이다. 『금강경』에서 '과거심도 얻을 수 없고, 미래심도 얻을 수 없고, 현재심도 얻을 수 없다'라고 설파한 것은 바로 이와 같은 현존의 실상을 드러낸 것이다. 이와 같이 욕탐에 의해 취착된 자아를 멸진한 현존이 일으키는 삶의 의지가 원(願)이다.

현존(現存)은 세상에 태어나서 늙고 죽어가는 존재가 아니라 지금 여기에서의 삶이다. 나(주관)와 세계(객관)로 분리된 중생의 세간은 욕탐에 속박된 마음에서 연기한 망상이다. 세간의 실상을 보면, 업보(業報)는 있으나 작자(作者)는 없다. 이러한 실상을 깨닫고 살아가는 삶이 현존이다. '업보는 있으나 작자는 없다'는 말은 우리가 작자로서 존재하는 것이 아니라 삶을 통해 드러나는 존재임을 의미한다. 이렇게 삶을 통해 드러나는 존재가 지금 여기 드러난 현존이며, 불교적으로 표현하면, 무아(無我)와 공(空)이다.

주관과 객관은 무지와 욕탐에 의해 연기한 것으로서 본래 둘이 아니다. 그러므로 무지와 욕탐에서 벗어나 주관과 객관을 분별하지 않고, 자타(自他)의 분별없이 살아가려는 의지가 사홍서원(四弘誓願)과 같은 원(願)이다. 이러한 원을 출세간의 음식이라고 하는 것은 열반이 모든 중생과 함께 행복한 삶을 살려는 원(願)을 가지고 살아갈 때 실현될 수 있다는 것을 의미한다.

염식이란 4념처(四念處) 수행을 의미한다. 욕탐을 버리고 선정(禪定)을 닦아 무아(無我)를 깨닫고 원(願)을 일으킨 사람은 그 원을 실현하기 위해서 무아를 체화(體化)하는 수행을 해야 하는데, 4념처는 무아를 직접 체험하고 자기화하는 수행이다. 붓다는 『잡아함경』(610)에서 4념처를 세 가지로 통찰할 것을 강조한다. 그렇다면 세 가지 통찰은 구체적으로 어떻게 하는 것일까? 『잡아함경』(609)와 이에 상응하는 『상윳따니까야』 47.42. 「집(集; Samudaya)」[23]에서는 4념처의 집(集; samudaya)과 몰(沒; atthagama)에 대해서 다음과 같이 설하고 있다.

음식(食; āhāra)이 쌓이면(集; samudaya) 몸(身; kāya)이
쌓이고, 음식이 멸하면(滅; nirodha) 몸이 사라진다(沒;
atthagama). 이와 같이 신집(身集)을 따라 관(觀)이 머
물고, 신멸(身滅)을 따라 관이 머물며, 신(身)의 집(集)
과 멸(滅)을 따라 관이 머물면, 곧 의지하여 머물 바
없게 되어 모든 세간에 취할 것이 영원히 없게 된다.
촉(觸)이 쌓이면 수(受)가 쌓이고, 촉이 멸하면 수가
사라진다. 이와 같이 집법(集法)에 따라 수(受)를 관
(觀)하여 머물고, 멸법(滅法)에 따라 수를 관하여 머
물며, 집(集)하고 멸(滅)하는 법(法)에 따라 수를 관하
여 머물면, 곧 의지하여 머물 바 없게 되어 모든 세간
에 취할 것이 영원히 없게 된다.
명색(名色)이 쌓이면 마음[心; citta]이 쌓이고, 명색이
멸하면 마음이 사라진다. 이와 같이 집법에 따라 마
음[心]을 관(觀)하여 머물고 멸법에 따라 마음을 관
하여 머물며, 집하고 멸하는 법에 따라 마음을 관하

---

23   S.N. Vol. 5, p.184.

여 머물면, 곧 의지하여 머물 바 없게 되어 모든 세간
에 취할 것이 영원히 없게 된다.

억념(憶念; manasikāra)이 쌓이면 법(法)이 쌓이고 억념
이 멸하면 법이 사라진다. 이와 같이 집법에 따라 법
(法)을 관(觀)하여 머물고, 멸법에 따라 법을 관하여
머물며, 집하고 멸하는 법에 따라 법을 관하여 머물
면, 곧 의지하여 머물 바가 없게 되어 모든 세간에 취
할 것이 영원히 없게 된다.²⁴

세 가지 관법(觀法)이란 신(身)·수(受)·심(心)·법(法)이 어떻
게 집기(集起)하고 어떻게 멸(滅)하는가를 관(觀)하고 집(集)
과 멸(滅)을 함께 관하는 것이다. 즉 몸은 음식을 섭취함으
로써 음식이 집기한 것임을 관하고, 음식을 섭취하지 않으
면 몸도 사라짐을 관한 다음, 음식을 취하면 집기하고 음식
을 취하지 않으면 없어지는 몸이란 무상한 것임을 관하는
것이 신념처(身念處)의 세 가지 관법이다. 그리고 고락(苦樂)
등의 느낌[受]은 대상과 접촉할 때 생기고 접촉하지 않으
면 사라짐을 관하여 느낌이란 접촉에 의해 생기고 사라지

---

24 대정장 2, p.171b.

는 무상한 것임을 관하는 것이 수념처(受念處)의 세 가지 관법이다. 또한 우리의 마음이란 이름과 형태[名色]로 존재화된 대상이 있을 때 나타나고, 이것이 없으면 사라지는 무상한 것임을, 바꾸어 말하면 유위(有爲)를 조작하는 마음의 무상함, 즉 '제행의 무상'을 관하는 것이 심념처(心念處)이다. 마지막으로, 모든 법은 마음의 기억작용[憶念 : manasikāra]에 의해 기억된 것이 모여서 구성된 것임을 관하여 그 실체가 없다는 사실을, 다시 말해서 '제법(諸法)의 무아(無我)'를 관하는 것이 법념처(法念處)이다.

4념처는 이와 같이 신·수·심·법이 무상하게 조건에 따라 쌓이고 사라지는 것을 관찰하여, '제행(諸行)은 무상(無常)'하고 '제법(諸法)은 무아(無我)'이기 때문에 이들을 자아로 취착할 경우 '일체는 괴로움일 뿐'이라는 사실을 자각하는 수행법이다. 그리고 이와 같은 4념처의 수행을 통해 일체가 괴로움이라는 사실의 자각이 있을 때 추구하게 되는 진정한 가치가 괴로움이 없는 세계, 즉 열반이다. 따라서 소위 3법인(三法印) 또는 4법인(四法印)은 4념처 수행을 통해 드러난 사실이라고 할 수 있다.

그렇다면 구체적으로 우리는 어떻게 4념처를 수행할 때 이와 같은 사실들을 명증적(明證的)으로 체험할 수 있을까? 4념처는 주관과 객관을 분별하는 상태에서 주관으로 생각되는 것[內]과 객관으로 생각되는 것[外]을 관찰하고, 주관과 객관의 상호관계를 관찰하여 주객의 분별이 허구이고 모순임을 깨닫는 수행법이다. '무상'과 '무아'는 바로 이러한 허구의 자각이다. 그리고 주객이 분별된 상태에서 허구를 가치로 추구할 때 그것은 결코 우리에게 행복이라는 진정한 가치가 될 수 없다는 사실의 자각이 '일체개고(一切皆苦)'의 자각이다.

신념처에서 음식의 쌓임[食集]이 몸의 쌓임[身集]이라 했을 때, 음식은 객관이고 몸은 주관이다. 그런데 이 주관과 객관을 통찰하면 주관은 객관에 의해 유지되고 있음이 드러난다. 나의 몸이 아니었던 음식을 내가 먹으면 나의 몸이 된다. 그리고 나의 몸속에 있던 세포나 분뇨나 땀 등은 나의 몸을 벗어나면 객관이 된다. 내신관(內身觀)이란 이렇게 자신의 몸을 관하는 것이라 할 수 있고, 외신관(外身觀)이란 자신의 몸을 중심으로 몸이 되기 전의 음식과 나의 몸에서 배설된 분뇨, 땀 등을 관하는 것이라 할 수 있다. 그리고 내외신관이란 객관이 주관이 되고 주관이 객관이 되는 주객의 상호관계와 그로 인한 주객의 무분별성(無分別性)을 통찰하는 것이다. 주관적 존재와 객관적 존재가 대립하고 있다고 생각되던 존재의 세계에서 자신의 몸을 통찰함으로써 주객이 구별될 수 없는 연기하는 법계(法界)를 발견하는 것이 신넘처이다. 우리는 신념처 수행을 통해 이와 같은 법계를 깨닫고 나의 몸이라고 취할 것이 전혀 없음을 깨닫게 된다. 신념처 수행을 통해 자신이 망념으로 취착하고 있는 몸은 무상한 것임을 자각함과 동시에 무아임을 체득하게 되는 것이다.

수념처도 마찬가지이다. 고락(苦樂)의 성질을 가진 존재가 대상으로 존재하고 그 존재로부터 그 성질을 느끼는 감정이라는 존재가 있어서 고락을 느끼는 것이 아니라, 대상 접촉을 통해서 고락의 감정이 발생하고 있음을 관찰하여 나의 느낌이라고 취할 것이 아무것도 없음을 깨닫는 것이 수념처이다.

명색(名色)과 심(心)의 관계도 마찬가지이다. 여기에서의 마음[心]은 식(識)을 의미하는데,[25] 우리가 대상을 이름과 형태로 분별하는 의식, 즉 마음은 대상 없이 독자적으로 존재하는 것이 아니라, 대상에 대한 의식현상임을 관찰하여, 나의 마음으로 취할 수 있는 것은 아무것도 없음을 깨닫는 것이 심념처이다.

---

25 『잡아함경』(55)에서는 '名色集則 識集'이라고 한다. 따라서 '심집(心集)'은 '식집(識集)'을 의미한다.

마지막으로 법(法)이란 12입처(十二入處)가 보여주듯이 의(意)의 대상, 즉 객관의 총체이다. 이 법들은 전술한 바와 같이 모두 마음의 작용에 의해 법으로 규정된 것이다. 따라서 이들은 그 자체로 존재하는 것이 아니다. 이것을 관찰하여 제법(諸法)이 무아임을 깨닫는 것이 법념처이다.

　이와 같이 4념처는 신(身)·수(受)·심(心)의 무상함과 마음에서 연기한 법(法)의 무실체성(無實體性: 無我)을 체득하는 수행법이며, 주객(主客)의 대립 상태에서 연기하는 법계의 실상을 깨닫는 수행법이다. 다시 말해서 신은 오온의 색(色)을 의미하고, 수는 수(受)를 의미하고, 심은 상(想), 행(行), 식(識)을 의미하고, 법은 마음에서 연기한 것을 의미하므로, 4념처는 5온을 통찰하여 그 실상을 깨닫는 수행법이라고 할 수 있다.

　4념처는 5온의 실상을 깨닫는 수행법이고, 5온의 실상을 깨달아가는 과정에서 8단계의 해탈을 얻게 되는데, 이것이 8해탈이다. 다시 말해서 4념처의 수행을 통해 5온이 무상하고 무아임을 깨달아가는 과정이 9차제정(九次第定)이며, 이 과정에서 8해탈을 얻게 된다. 5온은 행(行)에 의해 조작된 유위(有爲)이다. 따라서 유위를 멸하고 무위를 성취하기 위해서는 행을 멸진해야 한다. 4념처는 5온을 통찰하여 5온이 행에 의해 조작된 유위임을 깨닫는 수행이며, 9차제정은 신(身)·구(口)·의(意) 3행(三行)을 차례로 멸진하는 수행이다. 붓다는 『잡아함경』(474)에서 9차제정의 수행을 통해 3행이 멸하는 과정을 다음과 같이 이야기한다.

붓다가 아난에게 말씀하셨다.
"초선(初禪)을 바르게 수행할 때 언어(言語)가 적멸(寂滅)하고, 제2선(第二禪)을 바르게 수행할 때 각관(覺觀)이 적멸하고, 제3선(第三禪)을 바르게 수행할 때 희심(喜心)이 적멸하고, 제4선(第四禪)을 바르게 수행할 때 출입식(出入息)이 적멸하고, 공입처(空入處)를 바르게 수행할 때 색상(色想)이 적멸하고, 식입처(識入處)를 바르게 수행할 때 공입처상(空入處想)이 적멸하고, 무소유입처(無所有入處)를 바르게 수행할 때 식입처상(識入處想)이 적멸하고, 비상비비상입처(非想非非想入處)를 바르게 수행할 때 무소유입처상(無所有入處想)이 적멸하고, 상수멸(想受滅)을 바르게 수행할 때, 상수(想受)가 적멸한다. 이것을 점차로 제행(諸行)이 적멸(寂滅)한다고 한다."

이 경에서 언어(言語)는 구행(口行)을 의미하고, 출입식(出入息)은 신행(身行)을 의미하고, 상수(想受)는 의행(意行)을 의미한다. 그리고 9차제정은 3행(三行)을 순차적으로 적멸하는 수행법이다. 9차제정을 닦아 3행을 순차적으로 멸하는 과정에 8단계의 해탈을 체험하게 되는데, 이것이 8해탈(八解脫)이며, 열반은 8해탈을 성취함으로써 느끼는 행복이다. 이와 같이 4념처를 수행함으로써 8해탈을 성취하여 행복한 삶을 살아가는 것이 출세간의 다섯 가지 음식 가운데 염식(念食), 8해탈식(八解脫食), 희식(喜食)이다.

9차제정과
8해탈

18

앞에서 출세간의 다섯 가지 음식 가운데 염식(念食), 8해탈식(八解脫食), 희식(喜食)에 대하여 살펴보았다. 그 과정에서 세간을 벗어나는 음식인 염식, 8해탈식, 희식은 9차제정(九次第定)을 닦아 8해탈(八解脫)을 성취하여 행복하게 살아가는 것을 의미한다는 것을 이야기했다. 이제 9차제정과 8해탈에 대하여 구체적으로 살펴보기로 한다.

9차제정을 수행하면 다음과 같은 것이 차례로 적멸(寂滅)한다.

초선(初禪)에서는 언어(言語)가 적멸한다.
제2선(第二禪)에서는 각관(覺觀; 사유와 숙고)이 적멸한다.

제3선(第三禪)에서는 희심(喜心)이 적멸한다.

제4선(第四禪)에서는 출입식(出入息)이 적멸한다.

공처(空處)에서는 색상(色想)이 적멸한다.

식처(識處)에서는 공처상(空處想)이 적멸한다.

무소유처(無所有處)에서는 식처상(識處想)이 적멸한다.

비유상비무상처(非有想非無想處)에서는 무소유처상
(無所有處想)이 적멸한다.

상수멸(想受滅; 滅盡定)에서는 상수(想受)가 적멸한다.

이와 같은 9차제정의 수행을 통해서 행(行)이 차례로 적멸
하며, 이 과정에서 8단계의 해탈을 얻게 된다. 행(行)에는 신
(身)·구(口)·의(意) 3행(三行)이 있다. 우리는 3행을 몸과 입
과 마음으로 행하는 일상적인 행동을 의미하는 것으로 생
각하기 쉬운데, 행은 일상적인 행동을 의미하는 것이 아
니라 유위(有爲)를 조작하는 행위를 의미한다. 『잡아함경』
(568)에서는 이러한 3행을 다음과 같이 설명하고 있다.

출식입식(出息入息; assasapassasa)을 신행(身行; kāya-
saṅkhāra)이라고 부른다.

유각유관(有覺有觀; vitakkavicara)을 구행(口行; vaci-
saṅkhāra)이라고 부른다.

상수(想受; saññā ca vedāna)를 의행(意行; citta-saṅkhāra)
이라고 부른다.

이 경에서는 이와 같이 3행을 설명하고서 행(行)은 구행(口
行), 신행(身行), 의행(意行)의 순서로 적멸한다고 설명한다.
먼저 각관(覺觀; 사유와 숙고)이 멸하고, 다음에 출입식(出入息)
이 멸하며, 마지막으로 상(想)과 수(受)가 멸한다는 것이다.
이것을 9차제정과 비교해보면 초선에서는 언어가 적멸하
고, 제2선에서는 각관(覺觀)이 적멸하므로, 초선과 제2선에
서 구행이 멸한다는 것을 알 수 있다. 그리고 제3선에서는
희심(喜心)이 적멸하고, 제4선에서는 출입식이 적멸하므로,
제4선에서 신행이 멸한다는 것을 알 수 있다. 마지막으로
상수멸(想受滅; 滅盡定)에서 상(想)과 수(受)가 적멸하므로, 의
행은 멸진정(滅盡定)에서 멸한다는 것을 알 수 있다.

그렇다면 왜 구행이 맨 처음에 멸할까? 우리는 모든 사
물을 개념화하여 이름을 붙이며, 이렇게 명명된 개념이 언
어이다. 우리는 사물을 보고 그것을 언어로 표현한다. 유각
유관(有覺有觀)은 개념화된 언어를 사용하여 대상을 사유하
고 숙고하는 것을 의미하기 때문에 이것을 '구행(口行)'이라
고 한다. 일상적으로 말하는 행위뿐만 아니라, 언어를 사용
하여 사유하는 행위가 모두 구행이다.

욕계는 언어의 세계이다. 우리는 욕구의 대상을 개념화하여 이름을 붙인다. 책을 놓고 보려는 욕구에서 '책상'이라는 개념을 만들고, 걸터앉으려는 욕구에서 '의자'라는 개념을 만든다. 우리가 사용하는 언어의 본질은 이와 같이 우리의 욕구이다. 초선은 욕탐을 떠나 욕계에서 해탈한 경지이기 때문에 대상을 언어로 파악하지 않는다. 따라서 초선에서는 언어가 멸한다. 그러나 언어를 조작하는 개념화 작용, 즉 구행은 사라지지 않는다. 그렇다면 언어를 조작하는 작용은 구체적으로 어떤 마음의 작용을 의미하는 것일까?

언어는 개념(槪念)이며, 구행은 개념을 구성하는 작용을 의미한다. 개념이 형성되는 과정을 살펴보면 다음과 같다.

우리가 사물을 지각하면 그 사물의 모양과 그 사물에서 느낀 감정이 우리의 마음에 생긴다. 이것을 표상(表象)이라고 한다. 예를 들어 책상을 본다면 책상의 모양이 우리의 마음에 생기게 되는데, 이것을 표상이라고 하는 것이다.

여러 개의 책상이 있다고 하자. 그러면 우리의 마음에는 여러 개의 표상이 생길 것이다. 마음에 여러 개의 표상이 생기면, 이 표상들을 먼저 비교하게 된다. 그러면 책상들은 각기 다른 모습이지만, 공통된 모습이 있다는 것을 알게 된다. 이때 우리의 마음은 다른 모습을 버린다. 이것을 추상(抽象)이라고 한다.

책상은 각기 크기가 다르고, 색깔이 다르다. 이렇게 표상들을 비교하여 다른 점을 모두 추상하면 같은 점만 남을 것이다. 다리가 달려 있고, 상판이 평평하여 책을 놓고 보기에 적합한 점이 동일하다면, 동일한 점만을 모으게 되는데, 이것을 총괄(總括)이라고 한다.

우리의 마음에 생긴 많은 표상을 비교하고, 추상하여, 총괄하면 하나의 표상이 만들어진다. 그러면 이렇게 총괄된 것에 책상이라는 이름을 붙인다. 이것을 명명(命名)이라고 한다. 책상이라는 개념은 이런 과정을 통해서 형성되며, 이것이 언어이다.

구행은 이렇게 언어를 만드는 작용을 의미한다. 각관(覺觀)은 사물을 지각하여 생긴 표상을 비교하고 추상하고 총괄하는 마음의 작용을 의미한다. 이와 같이 개념을 형성하는 구행은 외부의 사물을 지각하여 사유하지 않으면 사라진다. 그런데 제2선은 마음이 삼매에 들어가 외부의 사물을 지각하지 않는 마음의 상태이므로 각관이 사라져 구행이 멸하게 된다.

이와 같이 초선을 통해서 언어가 적멸하여 욕계(欲界)에서 벗어나는 것이 초해탈(初解脫)이며, 제2선을 통해서 각관(언어적 지각과 사유)에서 벗어나는 것이 제2해탈이다.

구행을 멸한 다음에 신행(身行)을 멸하는 선정(禪定)이

제3선과 제4선이다. 제3선을 수행하면 희심(喜心)이 멸한다고 한다. 제2선을 성취하면 희락심(喜樂心)이 생기는데, 제2선에 머무는 동안은 우리의 의식이 이 희락심에 속박된다. 제3선에서는 이 희락심에서 벗어나 평정심에 머물게 된다. 그러나 우리의 의식이 평정심을 즐기는 마음에 속박되기 때문에 그 즐거움마저 버리고 괴로움과 즐거움을 모두 버린 완전한 평정심에 도달하는 것이 제4선이다.

이와 같은 제3선과 제4선을 통해서 신행이 멸하게 되는데, 이것이 제3해탈이다. 위에서 언급한 『잡아함경』(568)에서는 출식입식(出息入息; assasapassasa)을 신행이라고 하는데, 호흡을 신행이라고 하는 것은 호흡이 몸으로 행하는 신체활동이기 때문이다. 다시 말해서 호흡을 비롯하여 몸에서 이루어지는 여러 가지 신체활동을 통해서 우리는 자신의 몸이 존재한다고 생각하게 되는데, 이것을 신행이라고 하는 것이다.

우리가 자신의 몸을 호흡을 하고 신체활동을 하는 존재로 생각하게 된 것은 사유작용의 결과이다. 우리는 호흡하면서 보고, 듣고, 생각하며 살아가는 가운데, 호흡하면서 보고, 듣는 일을 하는 몸이라는 존재자가 있다는 생각을 일으킨다. 즉 업보(業報)만 있을 뿐 작자(作者)는 없는데, 없는 작자를 존재로 계탁(計度)한다. 이렇게 없는 작자를 계탁하는 행위가 의행(意行)이다.

의행을 통해서 호흡의 작자로 계탁된 것이 몸[身]이다. 그리고 이렇게 몸이 있다고 생각하기 때문에 그 몸을 통해 지각하는 대상이 실재한다고 생각하여 그것을 언어로 지각하는 행위가 구행이다. 따라서 구행은 신행에 의지하고 신행은 의행에 의지한다고 할 수가 있다. 그래서 『맛지마니까야』 44. 「작은 교리문답경(Cūḷavedalla-sutta)」에서는 멸하는 순서는 구행 - 신행 - 의행의 순서이지만, 생기는 순서는 의행 - 신행 - 구행의 순서라고 이야기한다.

우리는 몸이 숨을 쉬고 있을 때 나의 몸이라고 생각한다. 몸은 그대로 있어도 호흡이 멈추면 나의 몸이라고 생각할 수 없을 것이다. 우리는 호흡이 유지되는 동안을 자신의 몸이 존재한다고 생각하는 것이다. 즉, 호흡을 통해 우리의 몸이 동일한 존재로 인식되는 것이다. 이런 까닭에 출입식(出入息)을 신행(身行)이라고 한다. 제4선은 마음이 평정심, 즉 청정한 무관심의 상태가 되어 몸을 통해 생기는 모든 감정에서 벗어난 경지이다. 따라서 제4선에서 몸을 자신의 존재로 생각하는 신행이 멸한다.

신행이 멸하면, 몸을 통해서 외부의 존재로 인식되던 색계(色界)에 대한 관념에서 벗어나게 된다. 이렇게 색상(色想)이 멸한 의식상태를 공처(空處)라고 부르며, 이러한 공처에 머무는 것이 제4해탈이다.

공처는 우리의 의식에서 색상이 사라질 때 일어난 생각일 뿐 실재가 아니다. 이러한 성찰을 통해서 공처상(空處想)을 벗어나 내부의 의식(意識)에 머무는 것이 식처(識處)이며, 이것이 제5해탈이다.

우리의 의식은 항상 외부의 대상을 조건으로 발생한다. 그러므로 공처상이 멸함으로써 외부의 대상이 모두 사라진 상태에서는 의식도 존재할 수 없다. 이러한 성찰을 통해서 식처상(識處想)을 벗어나 '아무것도 존재하지 않는다'는 생각에 머무는 것이 무소유처(無所有處)이며, 이것이 제6해탈이다.

'아무것도 없다면 어떻게 이 세상의 모든 것이 나타날 수 있을까? 이 세상의 유(有)와 무(無)를 성립시키는 유도 무도 아닌 어떤 것이 존재해야 하지 않을까?' 이와 같은 성찰을 통해서 무소유처를 벗어난 것이 비유상비무상처(非有想非無想處)이며, 이것이 제7해탈이다.

'있는 것도 아니고[非有] 없는 것도 아니다[非無]'라는 생각은 모순이다. 유무에 대한 모든 판단은 이러한 모순에 기초하고 있다. 이러한 모순은 우리가 조작한 유위(有爲)일 뿐 진실이 아니다. 이러한 유위를 조작하는 것은 우리의 사유작용과 감수(感受)작용이다. 이러한 깨달음을 통해서 사유작용[想]과 감수작용[受]을 벗어나 연기(緣起)하는 실상(實相)을 있는 그대로 보고 살아가는 것이 상수(想受)가 멸한 상수멸(想受滅), 즉 멸진정이며, 이것이 제8해탈이다.

불교의 해탈과 열반은 이와 같이 9차제정을 통해서 삼행(三行)을 소멸하여 8해탈을 성취함으로써 이루어진다.

.

윤회와 해탈

ⓒ 중각 이중표, 2025

2025년 3월 31일 초판 1쇄 발행

지은이 중각 이중표
발행인 박상근(至弘) • 편집인 류지호 • 편집이사 양동민
책임편집 김소영 • 편집 김재호, 양민호, 최호승, 정유리 • 디자인 쿠담디자인
제작 김명환 • 마케팅 김대현, 김대우, 이선호, 류지수 • 관리 윤정안
콘텐츠국 유권준, 김희준
펴낸 곳 불광출판사 (03169) 서울시 종로구 사직로10길 17 인왕빌딩 301호
        대표전화 02) 420-3200 편집부 02) 420-3300 팩시밀리 02) 420-3400
        출판등록 제300-2009-130호(1979. 10. 10.)

ISBN 979-11-7261-152-1 (03220)

값 17,000원

잘못된 책은 구입하신 서점에서 바꾸어 드립니다.
독자의 의견을 기다립니다. www.bulkwang.co.kr
불광출판사는 (주)불광미디어의 단행본 브랜드입니다.